Ouvrage honoré d'une Souscription du Gouvernement-Général de l'Algérie

et du Gouvernement Tunisien

Atlas

d'Algérie et Tunisie

PAR

HENRI MAGER

Membre du Conseil supérieur des Colonies (1892-1897)
Conseiller du Commerce extérieur

PARIS

ERNEST FLAMMARION, ÉDITEUR

RUE RACINE, 26, PRÈS L'ODÉON

Prix : 2 francs.

Atlas d'Algérie et Tunisie

TABLE DES MATIÈRES

Table analytique des Cartes

Cartes de Comparaison au 2.000.000ᵉ, au 400.000ᵉ et au 50.000ᵉ

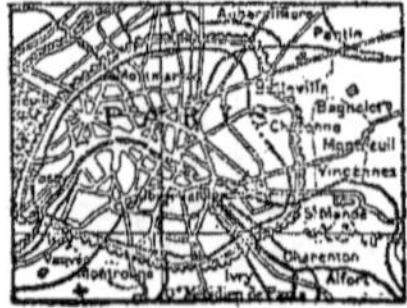

Paris et ses environs
au 2.000.000ᵉ

Paris et son enceinte
au 400.000ᵉ

L'un des quartiers de Paris
au 50.000ᵉ

Atlas
d'Algérie et Tunisie

PAR

HENRI MAGER

Membre du Conseil supérieur des Colonies (1892-1897)
Conseiller du Commerce extérieur

PARIS
ERNEST FLAMMARION, ÉDITEUR
RUE RACINE, 26, PRÈS L'ODÉON

Droits de traduction et de reproduction réservés pour tous les Pays, y compris la Suède et la Norvège

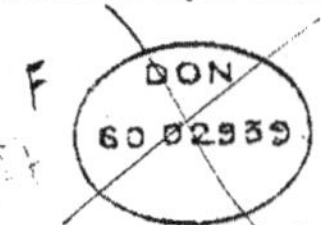

25° Ouest de Paris (22°40′ de Greenwich)
Méridien de Greenwich
0° Méridien de l'Observatoire de Paris
25° Est de Paris

AFRIQUE DU NORD
ET
AFRIQUE OCCIDENTALE
DOMAINE FRANÇAIS
Echelle : 1 : 23.000.000ᵉ
Réduction à 1 centimètre pour 230 Kilom.
0   125   250   300 Kilom.
0   125   250 milles marins

Signes Conventionnels
••••• Limites du Domaine français;
Autres Limites de Souveraineté;
Limites des Départements Algériens et des divisions de l'Afrique Occidentale française;
Chemins de fer en exploitation;
Chemins de fer projetés;
Grandes Routes de Caravanes;
Câbles télégraphiques sous-marins;
Lignes télégraphiques terrestres;
Principaux Services français de Navigation;
Limite au sud de laquelle les marchandises françaises ne pourront être protégées pendant 30 ans (1898-1928).

ILES CANARIES
ILE MADÈRE
ESPAGNE
Lisboa
Cadis
Gibraltar
Tanger
Rabat
Fez
Maroc
Mogador
Agadir
MAROC
Casa Blanca
Alger
Oran
Constantine
ALGÉRIE
TUNISIE
Tunis
Sfax
Tripoli
TRIPOLITAINE
Barka
Ben Ghazi
Derna
Golfe de Syrte
Djaraboub
TERRITOIRE ÉGYPTIEN
Sokna
Fezzan
Mourzouk
Ghat
Tombouctou
SÉNÉGAL
Saint-Louis
GAMBIE ANGLAISE
GUINÉE PORTUGAISE
GUINÉE FRANÇAISE
PAYS DES MAURES
Zemour
Desert el Djouf
Erg Occidental
Touat
Tidikelt
PAYS DES TOUAREG
Air
(Azben)
Agadez
Damergou
Sokoto
Bornou
TERRITOIRE ANGLAIS
DAHOMEY
CÔTE D'IVOIRE
TEBBOU
Tibbesti
Borkou
Ennedi
PAYS DES TOU
SOUDAN ANGLO-ÉGYPTIEN
Ouadaï
Darfour
Dar-Rouga
Baghirmi
Tchad
Tropique du Cancer

ALGÉRIE ET TUNISIE

Echelle 1:8.000.000ᵉ
1 Centimètre pour 80 kilomètres

Plaines cultivées;
Hautes Plaines avec cultures;
Régions montagneuses;
Régions des H^tes Plateaux;
Régions sahariennes;
Sables;
Chott, Sebkha;
Rivières intermittentes;
Chemins de fer.

Gravé par A. Simon, 13, rue Nicole, Paris.

ALGÉRIE

LE DOMAINE FRANÇAIS DANS L'AFRIQUE DU NORD-OUEST

Le domaine de la France dans l'Afrique du Nord-Ouest comprend dans sa partie septentrionale l'Algérie et la Tunisie, dans sa partie centrale le Pays des Maures, le Pays des Touareg, le Pays des Tebbou; dans sa partie méridionale, il confine aux Possessions françaises de l'Afrique occidentale, c'est-à-dire au Sénégal, aux Territoires militaires de la Boucle du Niger, aux Territoires du Haut-Dahomey; il est limité entre le Niger et le Lac Tchad par les Territoires anglais du Sokoto et du Bornou; entre le Tchad et le Darfour, il se relie aux Possessions françaises du Haut-Oubanghi, par le Kanem et le Baghirmi, le Ouadaï et le Dar Rounga, qui forment le Territoire militaire du Tchad.

Dans sa plus grande largeur, sous le 15ᵉ degré de latitude nord, le domaine français s'étend sur plus de 41 degrés, c'est-à-dire sur une étendue aussi longue que l'Europe entre la pointe extrême de l'Irlande et les rives de l'Oural; quant à sa hauteur, elle est supérieure, entre Bizerte et Zinder, à 2 730 kilomètres, c'est-à-dire à la distance comprise entre la Corse et le Cercle polaire.

Différents actes diplomatiques ont fixé les limites du domaine français; ce sont notamment, avec le Traité de Tanger du 18 mars 1845, la Convention franco-anglaise du 5 août 1890, la Convention franco-anglaise du 14 juin 1898 et la Déclaration additionnelle du 21 mars 1899.

Dans sa Déclaration du 5 août 1890, le gouvernement anglais reconnaissait comme française toute la zone d'influence située entre les Possessions méditerranéennes de la France et une ligne irrégulière, tracée de Say sur le Niger à Barroua sur le Tchad, laissant dans la zone d'action britannique le royaume de Sokoto. La Convention du 14 juin 1898, après avoir fixé les limites de notre Côte d'Ivoire et de la Côte-d'Or anglaise, de notre Dahomey et des Territoires anglais de Lagos, rectifiait la Convention de 1890 en précisant les sinuosités de la frontière entre le Niger et le Tchad, en stipulant notamment que la frontière, qui se détache du Niger au sud de Say et en amont du port d'Ilo, décrit une vaste circonférence ayant pour centre Sokoto et pour rayon une ligne de 160 kilomètres, que la frontière aboutit au Tchad un peu au nord de Barroua. Les limites orientales du domaine français

ces villes sont considérées comme situées dans l'Hinterland (l'arrière-pays) tunisien et la France a toujours regardé comme indépendants de la Porte ottomane les Touareg Azdjer, qui ont Ghât pour centre et s'étendent jusqu'à Ghadamès.

Vers le Maroc, la Moulouïa (la Malva ou Mulucha des Anciens) fut la frontière ethnographique entre le Pays des Numides et le Pays des Maures, puis la frontière administrative entre la Mauretania Cæsariensis (Pays des Numides Massæsyliens) et la Mauretania Tingitana (Pays des Maures); Léon l'Africain écrivait en 1526 que cette rivière constituait la limite occidentale du Royaume de Tlemcen; l'historien berbère Ibn Khaldoun affirme que la Moulouïa séparait le Magreb el Oust, c'est-à-dire le Royaume de Tlemcen, du Magreb el Aqça, le couchant le plus éloigné, c'est-à-dire le Maroc. Les rédacteurs du Traité de délimitation du 18 mars 1845, trompés par les déclarations des intéressés, tout en spécifiant que les frontières demeureraient telles qu'elles existaient avant la conquête du Royaume d'Alger par les Français, substituèrent à la limite de la Moulouïa, qui datait de plus de deux mille ans, une ligne conventionnelle, qui, partant de l'embouchure de l'Oued d'Adjeroud, se dirige vers le Teniet Sassi; il fut stipulé que, dans la Région des Chott et des terres de pacage, il n'y aurait pas de frontière, chacune des deux puissances demeurant libre d'exercer la plénitude de ses droits sur ses sujets propres, que dans la Région des Ksour, plus au sud, la France serait seule maîtresse à Aïn Sefra, Aïn Stissifa, Asla, Tiout, Chellala, El Abiodh, Bou Semghoun; que Ich et Figuig demeureraient au Maroc; que au delà, dans le Grand-Sahara, aucune oasis, aucun point d'eau n'était réservé au Maroc : en conséquence la France, qui n'avait pas à cette époque franchi le seuil des régions sahariennes, restait libre d'étendre sa domination vers Igli et le Touat.

Une mission scientifique française, la mission Flamand, ayant été, en décembre 1899, assaillie par douze cents indigènes, non loin d'In Salah, l'escorte de la mission s'empara du ksar principal (Ksar el Kebir) des oasis d'In Salah, s'y établit et peu après y reçut des renforts. Les ressources du pays étant insuffisantes, une reconnaissance fut poussée plus au sud vers le In Ghar et le point principal de ces oasis, le Ksar Lekhal, fut définitivement occupé.

L'occupation d'In Salah et du Tidikelt commandait l'occupation

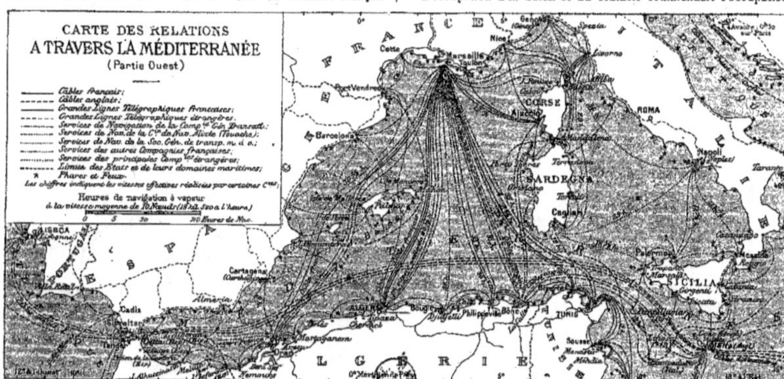

demeuraient incertaines; la Déclaration additionnelle du 21 mars 1899 les a fixées : le Kanem, le Baghirmi, le Ouadaï sont terres françaises : la frontière entre les Possessions françaises et les Possessions anglo-égyptiennes sera tracée de façon à séparer le Ouadaï de ce qui était en 1882 la province égyptienne de Darfour, et en tous cas ne pourra dépasser à l'ouest le 21ᵉ degré de longitude est de Greenwich (soit 18° 40′ de Paris), ni à l'est le 23ᵉ degré de longitude est de Greenwich (20° 40′ de Paris); des confins du Darfour, la frontière se dirige vers le Fezzân, en laissant à la France le Tibbesti et en touchant le Tropique du Cancer à son point de rencontre avec le 16ᵉ degré de Greenwich (13° 40′ de Paris).

La frontière entre la Zone française et la Tripolitaine est indéterminée; en dépit des prétentions turques sur Ghât et Ghadamès,

du Touat et du Gourara, comme de la ligne de communication reliant le Touat à la région de Figuig, par l'O. Sacura et l'O. Zousfana, qui contournent par l'ouest l'Erg occidental. Une colonne fut dirigée sur Igli, et le 5 avril 1900, Igli fut occupé sans difficulté ; des postes ont été établis à Duveyrier, à Djenien et Tarf, à Taghit. Le Gourara fut atteint et Timmimoun occupé dans le Sud-Ouest du Fort Mac-Mahon; une garnison a été également placée dans l'Aouguerout, au Ksar bou Guemma.

Pendant que ces événements se poursuivaient à l'ouest du domaine français, vers l'est la mission Foureau-Lamy, traversant le Pays des Touareg et des Tebbou, atteignait le Lac Tchad.

Une Convention, signée en 1900 par la France, a reconnu à l'Espagne une enclave comprise entre le Cap-Blanc et le Cap Juby.

LE SOL ET LES EAUX

L'Algérie offre dans son ensemble la forme d'un quadrilatère immense, dont chacun des côtés mesure plus de 1000 kilomètres.

Le côté que baigne la Méditerranée, entre le ravin du Kiss vers le Maroc et le Cap Roux à la frontière tunisienne, est compris entre 4°30' environ de longitude à l'ouest du Méridien de Paris et 6°15' à l'est; il se développe sur 1294 kilomètres, si l'on tient compte de la sinuosité du rivage; le côté sud confine, au delà d'In Salah, aux terrains de parcours des Touareg; Igli à l'ouest, Ghadamès à l'est, marquant les limites extrêmes de la Colonie; ce quadrilatère représente une surface presque égale au double de la France.

Le relief du sol algérien est caractérisé par deux soulèvements qui, quoique sensiblement parallèles à la côte, se réunissent vers le nord-est; une terrasse élevée, les Hauts-Plateaux, les soude entre eux. Le premier de ces soulèvements, qui fut un temps appelé Petit-Atlas, couvre en largeur, du rivage jusqu'à la région des Hauts-Plateaux, le Tell, la région colonisable; le second constitue le Djebel saharien, le Grand-Atlas de jadis, qui s'étale entre les Hauts-Plateaux et le Sahara.

Bien que le soulèvement, qui occupe toute la largeur du Tell, puisse sembler au premier aspect assez confus, on y peut distinguer 3 régions : 1° les montagnes littorales, qui sont parfois de simples Sahel ou lignes de hauteurs de peu d'étendue (comme le Sahel d'Alger), parfois des massifs larges et épais (comme le Dahra);

innombrables chaînons de la région des Amour et des Ouled Sidi Chéïkh; — le Djebel Amour, massif considérable, formé d'une masse compacte envoyant ses eaux d'un côté vers les dépressions des Hauts-Plateaux (Chott ou Zahrez), de l'autre vers les dépressions du Sahara; renfermant des plaines élevées et de larges vallées de pâturages; s'appuyant de chaque côté sur de puissants contreforts, sur le Ksel à l'ouest, sur le Bou Kahil à l'est; envoyant au sud le Kef el Guebli (Rochers du Midi), qui se termine brusquement du côté du Sahara; — faibles chaînons entre le Djebel Amour et le Djebel Aurès; — l'Aurès, constitué par de longues lignes de crêtes orientées au nord-est, laissant entre elles des vallées profondes et fertiles, possède le sommet le plus élevé de l'Algérie, le Djebel Chélia et la cime Kelthoun (2329 m.); de cette montagne la vue perçoit, au nord, les lacs salés de El Djemel et de Et Tarf, au sud le Chott Melghir; — plus à l'est, région montueuse jusqu'à la frontière.

Le Sahara, que limitent ces montagnes, n'est stérile et inhabitable que dans l'Hamada (plateau aride, rocailleux et desséché), dangereux que dans l'Erg (région de hautes dunes); ses fiafi ont, à de faibles profondeurs, des nappes d'eau souterraines permettant la création d'oasis; ses falat ont des pâturages.

Le Tell compte 14 millions d'hectares, les Hauts-Plateaux couvrent une étendue de 11 millions d'hectares : ils sont nettement délimités par les montagnes dans les départements d'Oran et d'Alger; ils forment dans le département de Constantine deux terrasses isolées (Plateau du Hodna, Plateau des Sbâkh) entourées

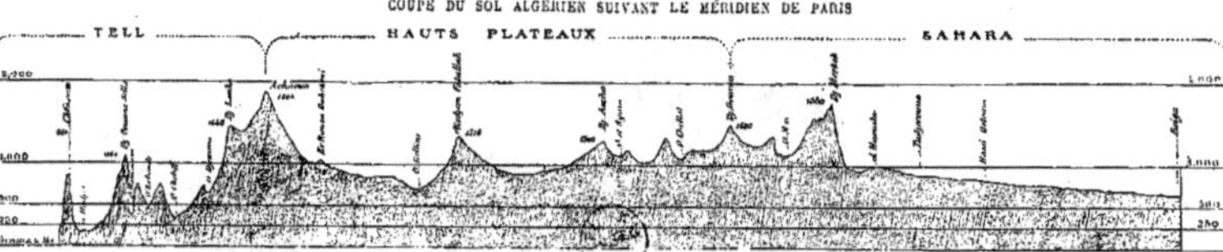

2° puis, les plaines basses, qui les enveloppent en partie, telles la Plaine du Chélif, la Plaine de la Mitidja, la Vallée du Sahel (de Bougie), la Plaine de Bône; 3° au delà, la région des larges montagnes, qui forme le bourrelet septentrional des Hauts-Plateaux.

Sur le littoral, dans la première région, se rencontrent : du Kiss à la Tafna un groupe de hauteurs (le massif des Trara), au milieu duquel s'élève le Filhaousen (1157 mètres d'altitude), d'où se peuvent parfois découvrir, à 270 kilomètres de distance, les sommets des montagnes méridionales de l'Espagne, notamment du Mulhacen et du Telica; entre le Cap Figalo et le Cap Carhon, le Murdjadjo (544 m.), qui domine Oran, et près d'Arzeu, le Djebel Orousse; — au delà du Chélif, le Dahra, région de collines cultivée dans certaines parties, couverte dans d'autres de genévriers, de lentisques, d'oliviers sauvages et de chênes verts, prolongée par le Gouraya et les Zaccar (1580 m.), dont un versant porte Miliana; — les gracieuses collines du Sahel d'Alger, qui ne dépassent guère 400 m. d'altitude au Bouzaréa; — beaucoup plus à l'est, le Massif de l'Edough (1008 m.)

A citer dans la suite des montagnes, qui, s'élevant en arrière des collines littorales et des plaines basses, forment la troisième région : les Monts de Tlemcen, qui entourent la Haute Plaine de Tlemcen; — le Mont Tessala (1063 m.), et son massif, que prolonge la chaîne des Beni Chougran, au nord de la belle Plaine d'Egris, et les ramifications qui s'étendent jusqu'à Frenda et au Tiaret; — l'Ouarsenis (1985 m.), l'Œil du Monde, dont le dernier promontoire s'étend jusqu'à Boghar, le Balcon du Sud; — les Monts du Titeri, qui forment deux masses parallèles séparées par la Haute Plaine des Beni Sliman et la Haute Plaine des Arib; — plus au nord, les Monts de la Grande Kabylie et le Djurjura, dont plusieurs sommets dépassent 2000 m. : du Pic d'Akouber (2305 m.), la vue s'étend jusqu'au Sahara; du Tamgout (ou Pic) de Lalla Krédidja, sommet le plus élevé du Djurjura (2308 m.), s'aperçoit la Méditerranée au nord-ouest, les Hauts Plateaux du Hodna au sud-est; — d'Aumale à la Petite Kabylie, les Biban, hautes murailles noires, coupées de deux portes : la grande est traversée par le chemin de fer et la route; par la petite passa la colonne de 1839; — les Monts de la Petite Kabylie et les Sitifiens avec des sommets élevés, le Babor (2004 m.), le Tababor (1965 m.), le Djebel Adrar (1994 m.), près du Chabret el Akra, la Gorge de l'Éternité; — Haute Plaine au sud (Plateau de Sétif), — nombreux massifs (Massifs numidiques) entre la Petite Kabylie et la frontière.

Au delà des Hauts-Plateaux, — région immense des Steppes ou de l'Halfa, parfois appelé Petit désert, — le second soulèvement, le Djebel saharien, formant le bourrelet du sud, comprend : les

de plaines hautes; leur altitude moyenne est dans les trois départements de 700 à 1000 mètres.

Aucune des rivières (Oued) de l'Algérie n'est navigable : la plupart sont à sec une partie de l'année. A citer parmi les Oued (vallées d'écoulement) qui se dirigent vers la Méditerranée : la Tafna (150 kilom. de long.), l'une des rivières les plus abondantes, recevant l'Isser (Isser occidental.; — la Macta, formée de la réunion du Sig (cours inférieur de la Mekerra) et de l'Habra (que constituent l'O. el Hammam, l'O. Tezou, l'O. Fergoug); — le Chélif, fleuve terreux, le plus étendu de l'Algérie (700 kilom.), prenant sa source au delà des Hauts-Plateaux dans le Djebel Amour; reçoit le Nahr Ouassel souvent regardé comme la branche mère, entre dans le Tell en amont de Boghari; dans son cours inférieur reçoit entre autres cours affluents l'O. Riou et la Mina; — les faibles cours d'eau de la Mitidja (O. Mazafran, qui reçoit la Chiffa et l'O. Djer, O. Harrach, O. Hamiz); — l'O. Isser (Isser oriental), aux eaux impures (220 kil.); — l'O. Sebaou (115 kil.), fleuve de la Grande Kabylie, assez abondant; — l'O. Sahel ou Soummam, grossi de l'O. bou Sellam (220 kil.); — l'O. el Kebir (l'ancien Ampsaga), qui reçoit l'Endja et le Rhumel (Rummel ou Rhoumel), grossi du Bou Merzoug; — la Seybouse, le plus constant, formé de l'O. Cherf et de l'O. bou Hamdan, continuation de l'O. Zénati.

Les eaux de pluie, ne trouvant d'écoulement sur les Hauts-Plateaux, ni vers la Méditerranée, ni vers le Sahara, se réunissent dans les dépressions, où elles forment des nappes (Chott, Sebkha, Zahrez) vaseuses et saumâtres en hiver, souvent taries en été; les deux Chott du Dép. d'Oran sont le Gharbi (occidental) et le Chergui (oriental); les deux Zahrez du Dép. d'Alger sont le Gharbi (alt., 857 m.) et le Chergui (771 m.); sur les Plateaux du Dép. de Constantine sont le Chott el Hodna, souvent à sec, quoique recevant plusieurs rivières, et quelques Sbâkh (le Djemel, le Tarf).

Dans le Sahara oranais, l'eau qui descend des hauteurs de la chaîne bordière (O. Zousfana, O. Namous, O. Seggueur) coule au sud jusqu'au sable des dunes. Une partie des eaux du Djebel Amour se dirigent par le lit de l'O. Djedi vers les grands Chott sahariens, auxquels aboutissent venant du nord quatre vallées amenant les eaux de l'Aurès et venant du sud, à travers les sables, le sillage tortueux et souvent comblé de l'Igharghar, qui fut un grand fleuve, affluent de l'O. Mia, dont le cours n'est plus que souterrain : ces deux fleuves s'unissaient dans la dépression, qui se nomme actuellement Oued Ghir (O. R'ir), avant de se jeter, en contre-bas de la Méditerranée, dans le Chott Merouan; à aucune époque géologique les eaux de l'Igharghar n'ont coulé vers les Chott tunisiens, ni vers la mer, dont les séparaient des seuils rocheux.

Nouvel ATLAS COLONIAL de Henri MAGER. 2e Partie: ALGÉRIE et TUNISIE.
1° Longitude à l'Ouest du Méridien de Paris

DÉPARTᵉⁿᵗ D'ORAN
Richesses naturelles
et Productions
Echelle de 1: 2.000.000?
1 Cent. pour 20 Kilom.

Câbles sous-marins;
Services de la Comp. Gén. Transatl.;
Services de la Comp. de Navig. mixte;
Services de la Soc. Gén. de Transp. à v;
Services côtiers;
Autres Services français;
Durée en heures de chacun des Trajets mentionnés;
Chemins de Fer;
Limites du Département;

Phares et Feux ⚓ leur portée.
Forêts et Broussailles;
Régions Halfatières;
En rouge Richesses naturelles
En vert Produits de l'agriculture et de l'élevage.
Abréviations: Cu. Cuivre; Pb. Plomb; S. Soufre.
Mang. Manganèse; Ant. Antimoine.
Carr. Carrière; M. Marbre; P. Pierre
à bâtir; Pl. Pierre à plâtre;
Ph. Phosphate; Co. Combustible.

Différence horaire: ~ 16 minutes
12 min.
Méridien de Paris

Gravé par A. Simon, 12, rue Nicole, Paris.

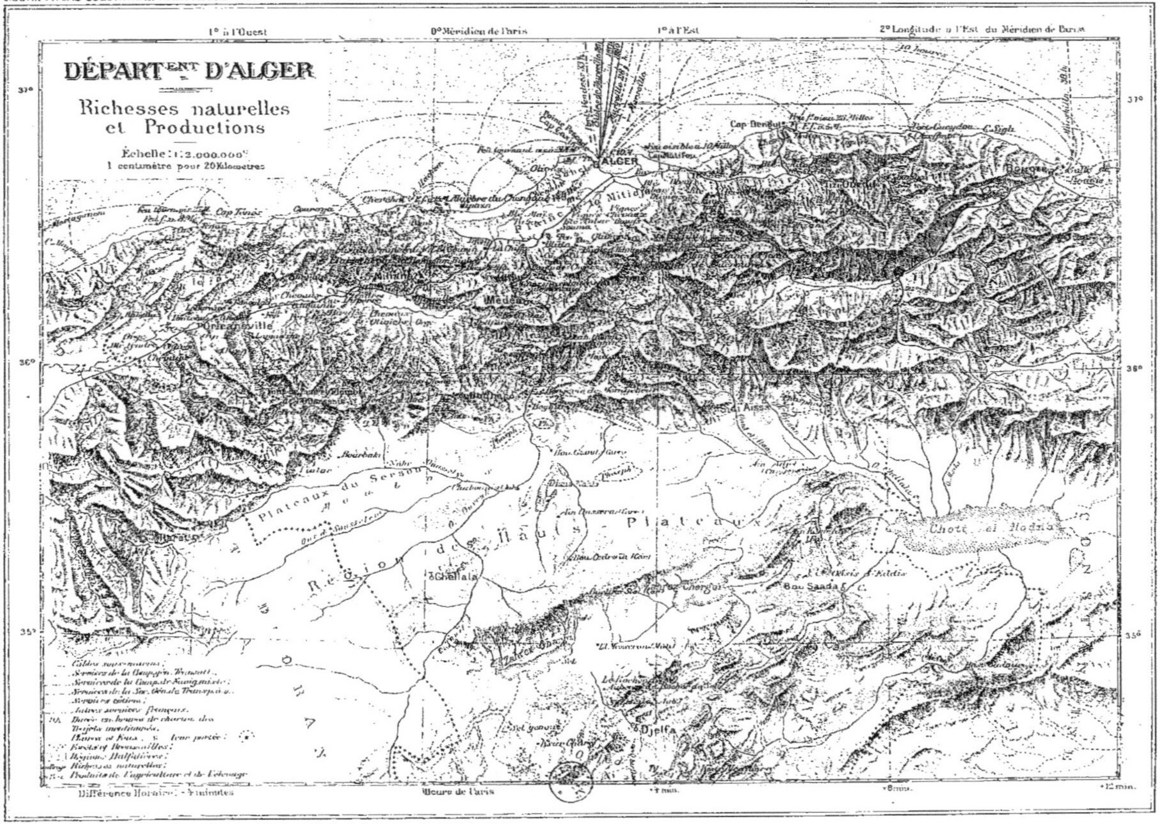
DÉPARTEMENT D'ALGER
Richesses naturelles et Productions
Échelle : 1:2.000.000e
1 centimètre pour 20 Kilomètres
1° à l'Ouest
0° Méridien de Paris
1° à l'Est
2° Longitude à l'Est du Méridien de Paris
37°
36°
35°
ALGER
Cap Bengut
Cap Ténès
Mitidja
Médéa
Orléansville
Plateaux du Sersou
Région des Hauts Plateaux
Chott el Hodna
Sidi Aïssa
Boghari
Bou Saada
Chellala
Djelfa
Bourbaki
Heure de Paris
Différence Horaire : - 4 minutes
+4 min.
+8 min.
+12 min.

CLIMAT

Cinq climats sont à distinguer : le climat maritime, le climat des contrées montagneuses du Tell, le climat des Hauts-Plateaux, le climat élevé mixte, le climat saharien.

Le climat maritime couvre le pays plat ou légèrement montueux avoisinant la Méditerranée; l'hiver y dure d'octobre à avril; il est d'une douceur délicieuse; à Alger et à Oran, la température moyenne de janvier est de 11° à 12°; avril et mai sont des mois de transition (moyennes : 15° en avril, 20° en mai); en juin commencent les sécheresses et la chaleur monte (moyennes : 21° à 23°); juillet et août amènent des moyennes de 24° à 26°.

Les contrées montagneuses du Tell sont caractérisées par des températures plus basses en hiver; moyenne de janvier à Tlemcen de 7° à 10°, à Médéa de 3° à 6°, à Constantine de 3° à 5° : pendant cette saison froide, de décembre à avril, la neige couvre les montagnes; l'été est aussi chaud que dans les plaines, parfois plus brûlant (moyenne de 24° à 29°).

Sur les Hauts-Plateaux les variations de température sont extrêmes entre l'hiver (où le thermomètre descend à - 10°) et l'été (moyenne d'août à Bou Saada, 28° à 31°), avec des températures de 40° en temps de sirocco.

Les Hauts-Plateaux du Dép. de Constantine participent du climat des Hauts-Plateaux et du climat moins dur des contrées montagneuses du Tell.

Dans la zone saharienne, l'été est torride (à Biskra, moy. de 33° à 35° en août) : là même où la chaleur atteignait pendant la journée, à l'ombre des vents, 45° à Biskra, 50° dans l'Oued R'ir, après la chute du jour, sous l'influence du rayonnement nocturne, le thermomètre descend, si le ciel est pur, à – 5° et - 6° (au-dessous de zéro).

Les pluies commencent vers le mois de septembre, s'établissent en novembre, augmentent jusqu'en décembre, étant plus abondantes la nuit que le jour, et diminuent de décembre à mai; saison sèche du 1ᵉʳ mai au 1ᵉʳ septembre. Dans la région saharienne (Laghouat, Biskra), les pluies sont rares; dans le sud des Hauts-Plateaux (El Aricha, Géryville, Bou Saada), la pluie est faible; elle est abondante sur la côte d'Alger à La Calle, très abondante à Fort-National et Djidjelli.

Les vents d'ouest et du nord-ouest, qui amènent généralement la pluie, dominent à partir d'octobre et durent jusqu'en mai; les vents d'est ou du . nord-est, dont la température est plus fraîche, correspondent avec la saison sèche; les vents du sud, comme du sud-ouest et du sud-est, viennent du Sahara et constituent le sirocco. Les vents du nord-ouest ne donnent des neiges que dans les parties hautes du Tell et sur les Hauts-Plateaux; les neiges ne persistent toute l'année en aucun point, pas même sur le Djurjura.

DIVISIONS

Divisions administratives. — L'Algérie a pour capitale Alger; dans cette ville réside le Gouverneur-général, qu'assistent un Secrétaire-général, un Conseil de gouvernement et un Conseil supérieur.

La Colonie est divisée en 3 départements, qui s'appellent du nom de leur chef-lieu : Département d'Alger, Département d'Oran, Département de Constantine.

Chaque département comprend un territoire civil et un territoire militaire ou de commandement; le territoire civil de chaque département est administré par un préfet; le territoire militaire, par le général commandant la division militaire.

Chaque département est divisé en arrondissements : chaque arrondissement en communes de plein exercice et en communes mixtes.

Les communes de plein exercice sont soumises aux règles en vigueur pour les communes de la Métropole, sous réserve de l'admission dans les conseils municipaux, par voie d'élection, des habitants indigènes et des Européens; dans les circonscriptions où l'élément indigène domine ont été constituées des communes mixtes, qui en territoire civil sont administrées par un fonctionnaire civil et en territoire de commandement par une commission municipale que préside le commandant supérieur; sous son autorité est placé un adjoint civil. Des communes indigènes n'ont été constituées que là où n'a pénétré aucun élément européen.

La superficie des 3 départements est, en hectares :

	ALGER	ORAN	CONSTANTINE
Territoire civil	3.133.656	3.631.494	6.107.074
Territoire de command'.	13.972.032	7.985.080	13.067.689

Le Territoire civil du Départ. d'Alger est divisé en 5 arrondissements, qui sont : Alger (comprenant 68 communes de plein exercice et 6 communes mixtes); — Médéa (6 comm. pl. ex. et 2 comm. m.); — Miliana (13 comm. pl. ex. et 4 comm. m.); — Orléansville (6 comm. pl. ex. et 3 comm. m.) ; — Tizi-Ouzou (13 comm. pl. ex. et 6 comm. m.); — au total 106 communes de plein exercice et 21 communes mixtes.

Le Territoire de commandement du Départ. d'Alger comprend 3 comm. mixtes et 5 comm. indigènes.

Le Territoire civil du Départ. d'Oran est divisé en 5 arrondissements, qui sont : Oran (comprenant 39 comm. pl. ex. et 2 comm. m.); — Mascara (5 comm. pl. ex. et 4 comm. m.); — Mostaganem (20 comm. pl. ex. et 6 comm. m.); — Sidi Bel Abbès (12 comm. pl. ex. et 2 comm. m.); — Tlemcen (6 comm. pl. ex. et 4 comm. m.); — au total 82 comm. pl. ex. et 18 comm. m.

Le Territoire de commandement du Départ. d'Oran comprend 3 comm. mixtes et 2 comm. indigènes.

Le Territoire civil du Départ. de Constantine est divisé en 7 arrondissements, qui sont : Constantine (comprenant 22 comm. pl. ex. et 8 comm. m.); — Batna (3 comm. pl. ex. et 5 comm. m.); — Bône (13 comm. pl. ex. et 3 comm. m.); — Bougie (8 comm. pl. ex. et 7 comm. m.); — Guelma (9 comm. pl. ex. et 3 comm. m.); — Philippeville (10 comm. pl. ex. et 3 comm. m.); — Sétif (8 comm. pl. ex. et 5 comm. m.); — au total 73 comm. pl. ex. et 34 comm. m.

Le Territoire de commandement du Départ. de Constantine comprend 5 comm. indigènes.

On compte ainsi en Algérie 352 communes, dont 261 de plein exercice, 73 mixtes en Territoire civil, 6 mixtes en Territoire de commandement et 12 indigènes.

Divisions militaires. — L'armée d'Afrique forme le 19ᵉ Corps d'armée. Chaque département constitue une division militaire : la Division d'Alger comprend 5 subdivisions (Alger, Aumale, Orléansville, Médéa, Laghouat); — la Division d'Oran comprend 4 subdivisions (Oran, Aïn Sefra, Mascara, Tlemcen); — la Division de Constantine comprend 3 subdivisions (Constantine, Sétif, Batna).

Dans le Territoire de commandement d'Alger, la subdivision de Médéa forme les cercles de Boghar (et annexe de Chellala), de Bou Saada (et annexe de Sidi Aïssa), de Djelfa,; et la subdivision de Laghouat, les cercles d'El Goléa (avec le poste d'Ouargla), de Laghouat, l'annexe de Ghardaïa.

Dans le Territoire de commandement d'Oran, la subdivision de Aïn Sefra forme les cercles de Géryville, de Aïn Sefra, de Méchéria, avec l'annexe d'Yacoubia (Saïda); — la subdivision de Mascara, le cercle de Tiaret (et l'annexe d'Aflou); — la subdivision de Tlemcen, le cercle de Lalla Maghrnia (et l'annexe d'El Aricha). — Les territoires occupés en 1900 à l'ouest et au sud de l'Erg occidental forment les annexes d'Igli, de Timmimoun, d'In Salah (Ksar el Kebir).

Dans le Territoire de commandement de Constantine, la subdivision de Batna forme l'annexe de Barika, le cercle de Biskra, le cercle de Khenchela, le cercle de Tébessa, le cercle de Touggourt (et l'annexe d'El Oued).

Divisions judiciaires. — Les affaires, qui naissent en territoire civil ou qui dans les communes mixtes du territoire militaire intéressent des Français et des Européens, relèvent de la juridiction civile : 16 Tribunaux de 1ʳᵉ instance siègent aux chefs-lieux des arrondissements : Médéa et Miliana exceptés, le tribunal de cette circonscription siégeant à Blida; 3 Cours d'assises siégeant au chef-lieu de chaque département; 1 Cour d'appel à Alger.

Les indigènes des Territoires de commandement sont jugés par les Kadi pour les contestations civiles, par les commissions disciplinaires de cercle pour les délits, par les conseils de guerre pour les crimes.

Divisions universitaires. — L'Algérie forme une circonscription universitaire appelée Académie; cette Académie est dirigée par un recteur résidant à Alger; au chef-lieu de chaque département se trouve un inspecteur d'Académie ayant sous ses ordres des inspecteurs primaires.

L'enseignement primaire se donne dans plus de mille écoles publiques (sans comprendre les écoles maternelles, les écoles arabes-françaises et les zaouïa arabes); 2 écoles normales d'instituteurs (Bouzaréa et Constantine) et 2 écoles normales d'institutrices (Miliana et Oran) préparent aux fonctions de l'enseignement primaire.

L'enseignement secondaire est donné dans 3 lycées (Alger, Constantine, Oran), 7 collèges communaux, [Blida, Médéa, Mostaganem, Tlemcen, Bône, Philippeville, Sétif], 5 établissements libres (institutions St-Charles à Blida et St-Joseph à El Biar, deux institutions à Mustapha et une à St-Eugène); l'enseignement secondaire des filles a été organisé à Oran (collège communal), à Constantine (collège), à Bône (cours secondaire), à Philippeville (cours secondaire), à Alger (école de la Ligue). Le nombre des élèves indigènes reçus dans les lycées et collèges ne varie guère depuis quelques années; pendant la dernière période décennale, l'effectif de cette catégorie d'élèves n'a jamais dépassé 90 sur 3 000 à 3 200 élèves.

L'enseignement supérieur est donné par l'Ecole de Droit (300 auditeurs), l'Ecole de Médecine et de Pharmacie (140 étudiants), l'Ecole supérieure des Sciences, l'Ecole supérieure des Lettres; il y a des Ecoles supérieures musulmanes (Medersa) à Alger, Constantine, Tlemcen (155 étudiants).

LES ORIGINES

On rencontre, semées sur toute l'étendue de l'Afrique du Nord, des productions caractéristiques de ces époques préhistoriques les plus reculées que les anthropologistes nomment Age de la pierre taillée : des haches de silex en forme d'amande, des couteaux, des lames, des pointes de flèches en silex ont été trouvés en Algérie dans les cavernes d'Ouzidàn (à 10 kil. N. de Tlemcen), et dans la sablière de Ternifine (ou Palikao) ; dans les régions sahariennes entre Touggourt et Ghadâmès, et sur les pourtours des Chott, en Tunisie dans l'Oasis de Métouïa, au Djebel Orbata, à Gafsa.

Les monuments mégalithiques sont innombrables : on trouve des tables ou dolmen, des tables sur piliers, des tables sur blocs et sur murs, des tables accouplées, des cercles de pierres (ou cromlech), des alignements de blocs, des allées couvertes, des chambres circulaires, des pierres levées, notamment : en Algérie, à Sigus (au S.-E. d'Ouled Ramoun), à Roknia (à 2 h. d'Hammam Meskoutine), à Balna, près de la Mina, sur la Medjana, chez les Maàdid ; en Tunisie à Magroua'Ellez et Hammam Zouakre (au N.-O. de Maktar), à Bulla Regia (N.-O. de Souk el Arbà), au Djebel Gorra (S. de Teboursouk).

Quels peuples ont taillé ces silex, construit ces monuments mégalithiques, élevé ces pierres ?

Il semble que les hommes primitifs, qui ont les premiers, aux époques préhistoriques de la pierre taillée, habité l'Afrique du Nord, au moment où y vivaient les éléphants, les rhinocéros, les hippopotames, appartenaient à la race blanche, qu'ils avaient des cheveux bruns, qu'ils étaient frères des Égyptiens et des Éthiopiens et venaient comme eux des Plateaux de l'Asie.

Quant aux hommes, qui construisirent les monuments mégalithiques, ils sont probablement de la race blanche, à cheveux blonds, qui en Europe éleva de semblables dolmen et cromlech ; partie des bords de la Baltique, elle aurait suivi le littoral de l'Atlantique jusqu'aux extrémités de l'Espagne et aurait traversé le détroit pour pénétrer en Afrique.

Aux époques qui suivirent, diverses migrations se succédèrent, venant de l'Égypte, des côtes de la Mer Égée et de la Phénicie.

D'Égypte vinrent les Hyksos : ces populations blanches, de race sémitique, comme les Chaldéens, les Hébreux, les Arabes, entraînées par la poussée touranienne, qui amena l'invasion de la Chaldée par les rois élamites de Sousse, avaient quitté les rives du Golfe Persique et s'étaient portées vers la Syrie, où l'une de leurs fractions, les Phéniciens, s'établit sur la côte, au nord du Mont-Carmel ; de la Syrie, les Hyksos envahirent l'Égypte vers l'an 2300 avant l'ère chrétienne, et imposèrent tribut à la Basse et à la Haute-Égypte : leur domination dura de l'an 2300 à l'an 1700 environ ; leurs rois constituèrent les XVe, XVIe et XVIIe dynasties ; ce sont ces peuples pasteurs qui, croit-on communément, envahirent la Libye et y portèrent le bronze, qui était connu des Égyptiens depuis près de 35 siècles. Lorsque le fondateur de la XVIIIe dynastie eut reconquis l'Égypte sur les Hyksos, l'un de ses successeurs, Touthmès III, porta, à son tour, ses armes dans les pays berbères et pénétra au moins jusqu'à Cherchel.

Une invasion égéenne, de langue aryenne, mit fin à l'occupation égyptienne.

Période punique. — Lorsque les flottes de la Phénicie abordèrent les côtes d'Afrique, elles y fondèrent de nombreux comptoirs, des emporia, notamment à Sousse, à Bizerte, à Utique fondée au XIe siècle (av.). Fuyant Tyr, ensanglantée par des divisions intestines sous les successeurs d'Hiram Ier, la princesse phénicienne Élissar ou Didon vint, avec de nombreux compagnons, aborder près des ruines de l'emporia de Kambi, vers 883 (av.) ; elle occupa Byrsa, la colline voisine, jadis nécropole, et y jeta les fondations de Kart-Adach (Carthage).

Dès le Ve siècle (av.), Carthage étendit sa suprématie sur toutes les Colonies phéniciennes du littoral : elle en fit des alliées ou des tributaires ; elle fonda des entrepôts tels Igilgil (Djidjelli), Salda (Bougie), Iol (Cherchel), Kart-Anna (Tenès), Tingi (Tanger), couvrit de ses établissements les côtes de l'Espagne et même de la Gaule, s'empara des Iles Baléares, de la Corse, de la Sardaigne ; ses vaisseaux pénétraient dans l'Océan jusqu'aux Canaries, jusqu'au delà du Cap Vert, jusqu'aux Iles Sorlingues ; ses caravanes allaient, en traversant le Sahara, chercher au centre de l'Afrique des esclaves noirs, de l'ivoire, de la poudre d'or, des bois précieux.

Carthage, qui payait d'abord tribut aux peuplades berbères, s'empara au Ve siècle (av.) des territoires de Zeugis, qui l'entouraient, et assujettit à la condition de vassaux les indigènes qui avoisinaient le Zeugis ; elle eut une armée de soldats mercenaires recrutés chez les Numides du Tell et les Libyens de l'intérieur, chez les Ibères d'Espagne, les Ligures d'Italie, les Gaulois, les Grecs, les Baléares.

Pour la possession de la Sicile, Rome et Carthage entrèrent en lutte ; la première guerre punique dura 19 années (260-241) ; les Carthaginois durent se retirer de la Sicile. Dans la seconde guerre punique (219-201), qui devait décider de la possession de l'Espagne, le général carthaginois Annibal s'illustra en Cisalpine (218), à Trasimène (217), à Cannes (216), mais, après la bataille malheureuse de Zama (202), Carthage demanda la paix ; elle rendit à Massinissa, allié des Romains, son royaume de Numidie : Rome gagnait la Gaule Cisalpine et l'Espagne, la puissance de Carthage était détruite.

Les peuplades berbères de l'Afrique du Nord formaient à cette époque trois groupes, se nommant : Numides Massyliens, que commandait Massinissa (peuplade de l'est), Numides Massæssyliens au centre, Maurétaniens vers l'ouest.

Période romaine. — Incités par l'insistance du sénateur Caton, les Romains, sous le prétexte de défendre Massinissa contre les injures des Carthaginois, ouvrirent la troisième guerre punique, en venant mettre le siège devant Carthage (149) ; la ville fut prise par le consul Scipion, incendiée et rasée (146), 7 siècles après sa fondation. Le territoire carthaginois fut organisé en Province romaine proconsulaire sous le nom d'Africa (Pays des Afrii), avec Utica (Utique) pour capitale.

L'Africa, l'ancienne Zeugis, était enserrée par la Numidie des Massyliens, dont les villes principales étaient Cirta (Constantine), Bulla Regia (Hammam Darradji), vallée de la Medjerda ; Zama (Djiama), au nord du Byzacium, et qui s'étendait de la ville libyenne de Capsa : la Numidie des Massæssyliens s'étendait de l'Ampsaga à la Mulucha. Réunis par Massinissa et conservés par Micipsa, les royaumes numides furent de nouveau séparés après la défaite de Jugurtha par les légions romaines de Marius (106). Rome joignit à la Province Proconsulaire d'Afrique quelques cantons du Byzacium et divisa le reste de la Numidie entre Bocchus, roi de Maurétanie, et les petits-fils de Massinissa.

Lorsque s'engagèrent les guerres civiles entre César et Pompée, César vint combattre en Afrique les restes du parti républicain, qu'assistait le roi numide Juba Ier : il infligea à ses adversaires la sanglante défaite de Thapsus (au sud-est de Sousse) : Juba Ier se donna la mort (46), et la partie orientale de la Numidie constitua la Province romaine appelée Africa Nova.

Octave, quand il eut reçu du Sénat romain, avec le titre d'imperator, le pouvoir le plus absolu (27), classa l'Afrique parmi les provinces sénatoriales et confia l'administration de l'Africa Nova à un jeune berbère, élevé à Rome, Juba II. Peu après, l'Africa Nova était réunie à l'Afrique Proconsulaire et Juba était chargé d'organiser les territoires numides et maurétaniens situés à l'ouest de l'Ampsaga, qui formèrent depuis la Maurétanie ; cet administrateur habile fonda, sur l'emplacement de l'ancienne Iol (Cherchel), Cæsarea, qui devint sa capitale ; lorsqu'il mourut en 22, sa dépouille fut déposée, ainsi que celle de sa femme, Cléopâtre Séléné, dans un mausolée, désigné en arabe sous le nom de Kbeur er Roumïa, le Tombeau de la Chrétienne (à 3 kil. de Montebello).

La zone pacifiée par les légions romaines avait pris à cette époque une large extension. La IIIe Légion Augusta, qui tenait garnison à Thamugadi (Timgad) et Theveste (Tébessa), s'était avancée méthodiquement au sud de la Numidie en refoulant les tribus gétules ; au sud-ouest de la Maurétanie, Suetonius Paulus franchissait l'Atlas ; la population romaine de l'Afrique commençait à s'accroître.

Sous les Antonins (96-193), l'Afrique devint une des provinces les plus prospères de l'Empire romain ; elle se couvrit d'un admirable réseau de larges voies, qui de Carthage, relevée par César, s'étendit par le littoral de l'ouest jusqu'à Tingis (Tanger), vers le sud-est jusqu'à Tripoli : la grande voie de Carthage à Theveste fut achevée en 123 sous le règne de l'empereur Hadrien, qui vint visiter la Province d'Afrique. La vallée du Bagradas (Medjerda) donnait du blé, pour le peuple de Rome, le Byzacium de l'huile ; la Khroumirie des bois : de Tacape (Gabès) s'exportaient les produits des oasis, les éléphants et les esclaves venus du sud, de Thabraka (Tabarka) les marbres de Simithu (Chemtou).

Les divisions administratives furent remaniées, après les soulèvements berbères de 297 : la Province Proconsulaire fut scindée (312) en Zeugitana ou Afrique Proconsulaire (ch.-l. Carthage) et en Byzacium (ch.-l. Hadrumetum) ; la Numidie (ch.-l. Cirta) fut, comme la Zeugitana, gouvernée par un consulaire ; la Maurétanie Cæsarienne fut partagée en Cæsarienne (ch.-l. Cæsarea) et en Sitifienne (ch.-l. Sitifis), que régirent des præses ; la Maurétanie Tingitane (ch.-l. Tingis) fut annexée à l'Espagne.

L'Afrique, qui avait adopté le dieu Baal Hammon et la déesse Tanit du temps des Carthaginois, qui sous les premiers empereurs romains accepta pour divinités Jupiter et Mercure, Diane et Junon, suivit le mouvement chrétien, lorsqu'il se fut affermi en Italie : de nombreuses associations chrétiennes se constituèrent, mais elles ne tardèrent pas à différer de doctrine et à entrer en lutte les unes contre les autres : il y eut des massacres : l'empereur Constantin, n'ayant pu apaiser les différends par une intervention pacifique, donna le signal des répressions sanglantes et des persécutions.

LES ORIGINES (*suite*)

Période vandale. — Après la division de l'Empire romain, le comte de Boniface, gouverneur d'Afrique au nom de Valentinien III, empereur de l'Occident, craignant que les intrigues de son tout-puissant rival Ætius ne le fissent déposséder de sa charge, proposa, en 429, au chef des Vandales, Genséric, de partager avec lui les provinces romaines d'Afrique.

Les Vandales, qui avaient longtemps séjourné dans la partie de la Germanie comprise entre la Bohême actuelle et la Silésie, avaient au début du v° siècle, en 406, sous la poussée des Huns, Tartares de la Russie orientale et de la Sibérie, envahi la Gaule avec les bandes des Suèves, Alains et Burgondes, et étaient passés en Espagne,

la ville sainte de Kairouan (669). Les Berbères ne virent d'abord dans les Arabes que des libérateurs, mais bientôt, obligés de se plier aux obligations de l'Islam et de verser à titre d'impôt près de la moitié de leurs récoltes, ils s'allièrent aux Byzantins. Au retour d'une expédition, Okba fut attaqué par les tribus de l'Aurès soulevées par le berbère Koçeira ; Okba fut massacré (son corps repose encore à Sidi-Okba, sous une mosquée, le plus ancien monument de l'islamisme en Algérie, et portant en caractères koufiques du 1ᵉʳ siècle de l'hégire une inscription, la plus ancienne de l'Algérie) ; les armées arabes furent écrasées (683) : Koçeira fonda à Kairouan le premier empire berbère, qui dura cinq ans.

En 688, retour offensif des Arabes. Koçeira est tué ; mais l'Ifrikia est de nouveau évacuée.

AFRIQUE ROMAINE
De la prise de Carthage (146 avant)
à l'invasion des Vandales (430 après)

où ils s'étaient arrêtés dans la Bétique, l'Andalousie moderne.

A la tête de 50 000 des siens, Genséric s'établit dans les Maurétanies Tingitane, Cæsarienne et Sitifienne, que le comte Boniface lui avait concédées ; franchissant sa frontière, il vint assiéger Hippone (Bône) et obtint par le Traité de 435 tout le pays entre les Colonnes d'Hercule, Bône et Cirta ; catholique de la secte d'Arius, il favorisa les Donatistes que les empereurs persécutaient et s'appuya sur ces dissidents ; par surprise il s'empara de Carthage (439) et occupa l'Afrique Proconsulaire et le Byzacium ; après avoir créé une marine, il conquit la Sardaigne, la Sicile, les Baléares, prit Lilybée en Sicile, débarqua sur les côtes italiennes et s'empara de Rome (445), qu'il mit au pillage. Après la disparition de l'Empire d'Occident, le Traité de 476, signé avec l'empereur d'Orient, le rendit maître de tout le bassin occidental de la Méditerranée.

Genséric mourut en 477. Le quatrième de ses successeurs, Hildéric, ne put se maintenir au pouvoir, parce que, ayant été élevé à Constantinople, il appartenait au christianisme orthodoxe ; il appela à son aide l'empereur d'Orient Justinien. Une formidable expédition commandée par Bélisaire quitta Constantinople ; la victoire de Tricamarum, non loin de Carthage, mit fin (534) à la domination des Vandales en Afrique.

Période byzantine. — Devenus maîtres du pays, les Byzantins rétablirent le catholicisme orthodoxe ; ils persécutèrent les Ariens, les Donatistes et les Israélites. Après avoir triomphé des révoltes berbères, ils étendirent leur autorité de la mer aux Chott et à l'Aurès ; de mesquines querelles religieuses et une administration vexatoire affaiblirent les pouvoirs du gouverneur-général ; l'insécurité du pays obligea les populations de langue latine à abandonner leurs cultures et les campagnes pour se concentrer autour des villes fortifiées ; la Maurétanie Tingitane tomba au pouvoir des Goths d'Espagne (618) ; le præsides d'Afrique se déclara indépendant (645-646) à Sufetula (Sbeitla).

Période arabe. — Mohammed était mort en 632. Dès 647, après avoir conquis l'Asie Mineure, la Perse, l'Égypte (641), la Cyrénaïque (642), la Tripolitaine (643), les Arabes sous la conduite de Abd Allah Ibn Sâd envahirent la Tunisie (l'Ifrikia) et razzièrent tout le sud, de Gafsa à Sbeitla ; les Byzantins leur ayant payé une contribution, ils se retirèrent.

Vingt ans plus tard, ils revinrent par l'Arad, et s'avancèrent jusqu'à Sousse : Okba ben Nafé, désigné comme gouverneur général de l'Ifrikia par les Khalifes Ommiades de Damas, fonda

Nouvelle invasion en 691 : les Berbères, groupés sous les ordres d'une femme, la Kahena, ne purent arrêter le courant arabe, qui s'avança jusqu'à la Tingitane et passa en Espagne.

Pendant près d'un siècle et demi (665-800) les Khalifes blancs Ommiades de Damas, puis les Khalifes noirs Abbassides de Bagdad, nommèrent les émirs de l'Ifrikia ; l'autorité devint ensuite l'héritage des Aghlebides, qui disparurent devant la Dynastie fatemide, à laquelle succéda la Dynastie berbère des Zirides.

Aux expéditions arabes allait succéder une migration arabe. En 1048, 250.000 nomades, originaires des déserts du Hedjaz, les Beni Hilal et les Beni Soléim furent lancés sur la Tunisie par le Khalife du Caire pour punir la rebellion d'un Ziride ; les Hilaliens s'avancèrent sur le littoral algérien et jusque sur les Hauts-Plateaux ; les Berbères gagnèrent les montagnes et s'enfoncèrent dans le sud : les populations arabes du nord de l'Afrique actuelle tirent leur origine de cette invasion.

Passons sur l'histoire des dynasties arabes, des Almoravides (ou Marabouts), des Almohâdes (ou Unitaires), des Mérénides (1337-1358), des Abd el Ouadites (1359), et arrivons au début du xv1° siècle. Après la chute de Grenade (1492), l'Espagne s'est emparée de Mers-el-Kebir (1505), d'Oran et de Bougie (1509), de Dellys, de Mostaganem, de Tlemcen, d'Alger, lorsque deux fameux corsaires turcs, les frères Aroudj (Barberousse) et Kheïr ed Din, prennent Cherchel (1515), Alger, Tlemcen, que leur disputent les Espagnols. Kheïr ed Din, élu chef souverain (1518), soumet son élection à l'approbation du Sultan de Constantinople, Selim 1ᵉʳ, qui le nomme Pacha d'Alger (1520).

Période turque. — La domination des pachas ne devait finir qu'en 1830. Faits saillants de 1520 à 1830 : 1536 : Traité entre François 1ᵉʳ et Soliman ; — 1541 : Expédition désastreuse de Charles-Quint contre Alger ; — 1559 : Fondation à la Calle et au Bastion d'établissements français pour la pêche du corail ; — 1569 : Charles IX renouvelle le Traité (ou Capitulation) de 1536 ; — 1584 : le pachalik d'Alger est mis en forme ; — 1657 : la milice oblige les pachas à partager leur autorité avec le chef des janissaires (l'Agha) ; — 1672 : la milice remplace l'Agha par le président (Dey) du Divan (assemblée d'anciens militaires) ; — 1681 : Bombardement d'Alger par Duquesne ; — 1688 : Bombardement d'Alger par le duc d'Estrées ; — 1711 : le sultan Ahmed abandonne aux Janissaires (l'Odjak) le droit de nommer leur chef (dorénavant Pacha-dey) ; — 1818 : Husseïn ben Hassen est nommé Pacha-dey.

L'ALGÉRIE DEPUIS 1830

Lorsque le 30 avril 1827, la veille de la fête du Beïram, le consul de France, M. Deval, se rendit à la Kasba, pour, selon l'usage, complimenter le dey d'Alger, en présence des représentants des autres nations, Hussein ben Hassen lui reprocha son attitude dans les négociations relatives au règlement des fournitures de blés livrées au Gouvernement français, en 1796, par la famille Bacri, elle-même débitrice de l'État d'Alger ; le Dey alla jusqu'à insulter le consul de France, et se levant de son siège le frappa avec le manche d'un chasse-mouche. Une réparation était nécessaire : en janvier 1830, une expédition fut résolue.

occupé (1839), Médéa et Miliana le furent en 1840, ainsi que Cherchel.

À l'arrivée du général Bugeaud (1841), Abd el Kader, qui n'avait pas respecté le Traité de la Tafna, qui avait lancé les Hadjoutes sur la Mitidja, avait depuis nov. 1839 recommencé les hostilités ; il était maître de la vallée du Chélif, de presque toute la province d'Oran, de l'ouest et du nord de la province de Constantine ; son autorité était reconnue par les nomades des Hauts-Plateaux et du Sahara ; le général Bugeaud enleva à l'émir (1841) les places fortifiées, qui commandaient les passages du Tell aux Hauts-Plateaux (Boghar, Taza, Tagdempt) ; il reprit Tlemcen (1842) ; de Mostaganem, il dirigea une colonne sur Alger par le Dahra, la vallée du Chélif et Blida ; en 1842, expédition de Kabylie, expédition de

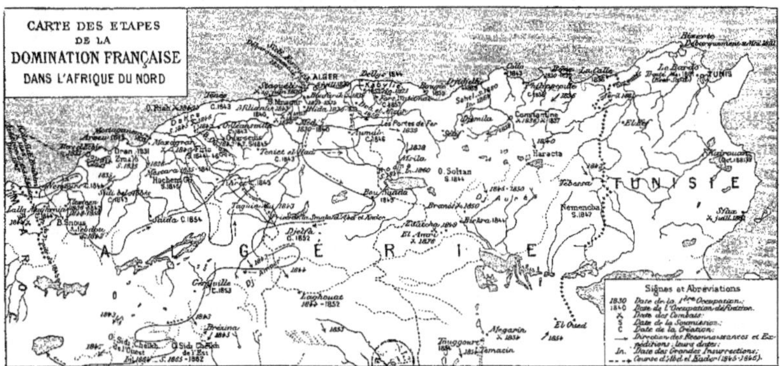

Le 14 juin 1830, 25.000 soldats d'infanterie, sous les ordres du général Bourmont, débarquèrent sur la presqu'île portant le marabout de Sidi Ferruch. Après la bataille de Staouéli (19 juin), le siège et l'explosion du Fort l'Empereur (4 juillet), le dey d'Alger capitule (5 juillet) ; la ville est occupée.

Pour étendre le cercle de l'action française autour d'Alger des reconnaissances furent dirigées sur Blida (juillet), sur Médéa (nov.) après l'arrivée du général Clauzel (sept.) ; sous le général Berthezène (1831), notre autorité ne s'étend même pas jusqu'à Boufarik.

Sur les côtes, Oran est visité en juillet 1830, Bône en août ; Oran est définitivement occupé en août 1831 ; Bône, temporairement occupé en sept. 1831, n'est enlevé qu'en 1832.

En 1833, le général Voirol réussit à pacifier la Mitidja : les colons européens peuvent s'étendre dans la plaine jusqu'au pied de l'Atlas ; sur le littoral sont occupés : Arzeu (juillet 1833), Mostaganem (juillet), Bougie (sept.).

La résistance contre l'action française s'organisait dans la province d'Oran : un vieux chérif des environs de Mascara prêchait la guerre sainte, aidé de ses fils et notamment du jeune Abd el Kader ; le général Desmichels, qui commandait à Oran, fit en février 1834 de malheureuses concessions à Abd el Kader, que les tribus arabes venaient de reconnaître pour chef.

Le général Drouet d'Erlon, qui succéda au général Voirol, s'occupa d'assurer la sécurité de la Mitidja.

Le général Clauzel, qui revint en Algérie en juillet 1835, dirigea une expédition sur Mascara (déc.), pour obliger l'émir Abd el Kader à respecter les tribus protégées de la France, notamment les Douaïr et les Zmala (aux environs de la Sebkha d'Oran) ; il organisa un corps expéditionnaire chargé d'occuper Tlemcen (1836), envoya le général Perrégaux dans la vallée du Chélif, marcha sur Médéa, et décida une expédition sur Constantine : elle ne put réussir (nov.), faute de suffisants moyens d'exécution.

Sous le général de Damrémont, le général Bugeaud, qui opérait dans la province d'Oran, signa avec Abd el Kader le déplorable Traité de la Tafna (mai 1837) : presque toute l'Algérie était abandonnée à l'émir : la France ne se réservait guère qu'Alger, le Sahel et la Mitidja dans la province d'Alger, et dans la province d'Oran, avec Oran, Mostaganem, Mazagran et Arzeu.

Une nouvelle expédition fut dirigée sur Constantine en oct. 1837 ; Damrémont fut tué le 12 sous les murs de la place, qui était prise le 13.

De 1838 à 1848, la conquête allait se poursuivre : une expédition partie de Philippeville en oct. 1839 passe par Constantine, Sétif, les Portes de Fer, pour rentrer à Alger ; Blida avait été définitivement

l'Ouarsenis ; en 1843, fondation de Teniet el Had, de Tiaret, d'Orléansville, de Ténès ; la smala d'Abd el Kader est prise à Taguin (mai 1843).

Vigoureuse action, en 1843 et en 1844, contre Abd el Kader dans la province d'Oran et large extension vers le sud : expédition au Djebel Amour (avril 1843), chez les Ouled Sidi Chéïk de l'O. et de l'E., vers les Zibân (mars 1844), chez les Ngaous, les Ouled Soltan, vers Laghouat (1844), dans l'Aurès (1845).

En même temps, vers le N. E., prise de Dellys et soumission des Flissa (mai 1844) ; vers le N. O. agression des Marocains (mai 1844) et victoire d'Isly (août 1844).

La lutte continue en 1845 et 1846 : soumission du Dahra (juin 1845), soumission des Hachem Gharaba (sept.), soumission du Hodna (déc.), soumission des Flita (janvier 1846), des Nemencha (fév.), soumission de Ben Salem, reddition du derviche Bou Maza.

Enfin Abd el Kader, lui-même, à bout de ressources, traqué de tous côtés, est obligé de se rendre (23 décembre 1847). Tous les chefs arabes avaient dû reconnaître leur impuissance : l'Algérie était définitivement terre française.

La période héroïque est close. L'effort va porter vers le sud.

Population. — La population de l'Algérie dépasse actuellement le chiffre de 4.400.000 habitants, se décomposant ainsi : 346.000 Français d'origine ou naturalisés, 19.000 Israélites naturalisés en 1870, 34.000 fils et petits-fils d'Israélites naturalisés ; — 3.755.000 sujets français (dont 3.035.000 Arabes, 692.000 Kabyles descendants des Berbères, 27.000 Mzabites, 1.600 Juifs du Mzab), — 237.000 étrangers, dont 15.000 Marocains et 2.000 Tunisiens, dont 157.000 Espagnols, 35.000 Italiens et 12.000 Anglo-Maltais.

Dans le Territoire civil du Dép. d'Oran les Espagnols sont (statistique de 1896) 107.000 et les Français d'origine ou naturalisés ne sont que 105.000 ; il y a presque égalité aujourd'hui entre le nombre des Français et des Espagnols, alors qu'en 1886 les Français n'étaient que 70.000 en présence de 92.000 Espagnols.

L'excédent de la population française d'origine ou naturalisée sur la population étrangère (de nationalités diverses) est en 1896 de 126.000 âmes ; 20 ans auparavant, en 1876, il y avait 156.000 Français seulement en présence de 155.000 étrangers.

Les 346.000 Français (1896) d'Algérie se répartissent ainsi : Dép. d'Alger, 150.000, dont à Alger 42.000 ; Dép. d'Oran, 110.000, dont à Oran 24.000 ; Dép. de Constantine, 86.000, dont à Constantine 18.000.

Moitié des Arabes (1.419.000 sur 3.035.000) sont nés dans le Dép. de Constantine ; les Kabyles résident partie dans le Dép. d'Alger, partie dans le Dép. de Constantine.

PRODUCTIONS

Productions végétales. — L'Algérie était, en céréales, le grenier de Rome. A l'époque de notre arrivée à Alger, le pays produisait du blé dur, de l'orge, du maïs, du bechna (millet ou sorgho blanc); la culture du blé tendre, du seigle et de l'avoine a été introduite depuis la conquête française.

La superficie cultivée en céréales est de 2.600.000 à 2.700.000 hectares (1897-1899), dont 2.200.000 hect. de cultures indigènes et 500.000 hect. de cultures européennes; — 1.395.000 hect. sont consacrés à l'orge (1.260.000 hect. de cultures indigènes, très étendues dans le dép. de Constantine, 135.000 hect. de cultures européennes); 1.090.000 hect. en blé dur (935.000 hect. en cultures indigènes, dont plus de 600.000 hect. dans le Départ. de Constantine et 155.000 hect. de cultures européennes); 213.000 hect. en blé tendre (68.000 hect. de cultures indigènes, 144.000 hect. de cultures européennes, dont plus de 80.000 hect. dans le Dép. d'Oran).

Les quantités récoltées sont, en 1899, de 7.200.000 quintaux métriques d'orge, 4.020.000 quint. métr. de blé dur, 1.042.000 quint. métr. de blé tendre, avec 657.000 quint. mét. d'avoine (très cultivée par les Européens dans le Départ. d'Oran), 120.000 quint. mét. de bechna (venant des Dép. d'Alger et de Constantine), 88.000 quint. métr. (provenant des cultures européennes du Départ. d'Oran et indigènes de Constantine).

Tous les légumes réussissent en Algérie : 36.000 hect. sont plantés en fèves (production 140.000 quint. métr. en 1899), 11.000 hect. en pommes de terre, culture plus spécialement européenne; donnent de merveilleuses récoltes : les haricots, les petits pois, les artichauts, les choux, les courges, concombres, melons et pastèques.

Au premier rang des cultures industrielles se place la vigne, qui trouve en Algérie un sol et un climat très favorables : sont plantés en vigne 74.000 hectares dans le Départ. d'Oran, 45.000 hect. dans le Départ. d'Alger, 21.000 hect. dans le Départ. de Constantine (1899); la récolte des trois départements atteint (1899) 4.500.000 hectolitres, dont 4.250.000 hectol. de vin rouge et 250.000 hectol. de vin blanc ; le nombre des planteurs européens est de 16.000, des planteurs indigènes (qui semblent progresser) de 13.000.

Autres cultures industrielles : le tabac, dont la culture a été introduite en 1844, et qui est actuellement planté sur 7.000 hect. par 6.000 indigènes et 11.000 Européens : récolte 4.920.000 kilogr. de feuilles (1899); — le lin de Riga et d'Italie, qui est une culture européenne, ne couvre que 800 hect ; — la culture du coton semble appelée à disparaître, même pour l'espèce à longue-soie; — la ramie, le colza, le ricin, les arachides sont délaissés.

La garance, le carthame ou safran bâtard, le henné, l'indigo, couvrent quelques hectares. Les principales plantes odoriférantes sont le géranium rosat, la cassie, la tubéreuse, la verveine, le rosier.

L'olivier donne une huile estimée; d'après les statistiques officielles le rendement de 1896 n'aurait été que de 72.000 hect. ; ce chiffre est contestable; l'Algérie doit produire 375.000 hect. (dont 262.000 hect. de production indigène).

Comme arbres à fruits à citer, outre la vigne et l'olivier : les orangers (principalement de Blida); — les palmiers-dattiers, richesse des oasis sahariennes, donnant chacun en moyenne 72 kilogr. de dattes par an; — les goyaviers; — les bananiers; — les figuiers de Kabylie; — tous les arbres à fruit de l'Europe.

Outre les foins d'Europe, quantités d'herbes fourragères pour la nourriture et l'engraissement des bestiaux; dans les terrains secs, nombreuses légumineuses (luzernes, vesces, sainfoins, trèfles); dans les terrains humides dominent les graminées (mil ou dis, dactyles, paturins alpestres, lygées), les stypes ou halfa, couvrant sur les Hauts-Plateaux cinq millions d'hectares; sur 400.000 quint. d'halfa récoltés (en 1897), 300.000 quint. venaient du Départ. d'Oran, 88.000 quint. venaient du Départ. de Constantine, 13.000 quint. environ du Départ. d'Alger.

Les forêts occupent une superficie d'un peu plus de 3.000.000 d'hectares, dont 2.500.000 appartiennent à l'État; sur ces 2.500.000 hect. domaniaux 1.500.000 sont situés dans le Tell; la forêt, rare dans les plaines et les terrains ondulés, qui ont été déboisés pour être mis en culture, est surtout située en pays de montagnes; les différents massifs forestiers offrent une grande variété de constitution: la zone littorale du Dép. d'Oran ne présente que des vestiges de forêts, tandis que la zone littorale des Dép. d'Alger et de Constantine, entre Dellys et la frontière tunisienne, est, sur une profondeur de 50 à 80 kil., couverte de magnifiques forêts de chênes-liège, produisant de 40.000 à 50.000 quintaux de liège; forêts très étendues sur les plateaux du Départ. de Constantine et dans les massifs de l'Aurès; bois de pins d'Alep dans la région de Daya et de Sebdou.

L'arbre le plus abondant est le pin d'Alep, presque également réparti dans les trois départements, où il a souffert du ravage des incendies; le chêne-vert, ou yeuse, qui vient ensuite, est nombreux dans le Départ. d'Oran et le Départ. de Constantine ; les deux tiers des chênes-liège sont groupés de 1° 30' à 7° Long. Est, entre 36° et

37° Lat. dans la région montagneuse du littoral; le cèdre forme, entre 1.200 et 2.000 mètres d'alt. des forêts vers Teniet el Had, Blida, le Djurjura, les Maadid, Batna.

Les autres essences des forêts algériennes sont : le chêne zéen, le chêne-afarèz, le pin maritime (entre Bougie et le Cap Bougaroun), le thuya, le genévrier, l'olivier sauvage, le frêne, l'orme, le peuplier, l'aune; le maquis est composé de palmiers-nains, lentisques, philarias, myrtes, bruyères, arbousiers; près des cours d'eau des saules, des tamarix, des lauriers-roses, des plantations d'eucalyptus; le figuier de Barbarie et l'agave, si répandus, sont des plantes importées.

Innombrables palmiers dans les oasis : les principales oasis du Sud-Oranais sont le groupe des Oasis des Amour et des Ouled sidi Chéïck (Tiout, Djenien bou Rezg, Moghar Foukani, Bou Semghoun, Asla) et quelques oasis isolées vers le Djebel-Amour (Bou Alem, Tadjérouna); au Sud du Départ. d'Alger, Oasis des Ksour laghouati (Aïn Madhi, El Haouïta, Tadjemout, El Assafia, El Huiran); — au sud du Départ. de Constantine, région des Zibân (ou Oasis) se divisant en Zâb el Biskra (Biskra), Zâb Dahraoui ou Oasis du Nord (Lichana, Zaatcha, Tolga, Foughala, El Amri), Zâb Guebli ou Oasis du Sud (Oumach, Mlili, Bigou, Ourlal, Ben Tious, Lioua, Ouled Djellal, Sidi Khaled), Zâb Chergui, ou Oasis de l'Est (Sidi Okba, capitale religieuse des Zibân, Aïn Naga, Zeribet el Oued, Liana, Kheiran, El Faïdh); — plus au sud sont les Oasis de l'Oued R'ir ou Ghir, qui comptent plus de 250.000 palmiers en plein rapport (dont 80.000 à Mraïer, 30.000 à Ourlana, 30.000 à Ramra ou Ghamra, 27.000 à El Ourir, 12.000 à Sidi Amran, 10.000 à Mazer), et les Oasis de l'Oued Souf (Oasis principale : El-Oued).

Production animale. — Parmi les animaux domestiques, en première ligne les moutons, en seconde les chèvres et les bœufs, en troisième les ânes, les chameaux, les chevaux.

Sur 7.500.000 moutons, 7.100.000 appartiennent aux indigènes des trois départements; 400.000 aux Européens; cet élevage se pratique pour 2/5 dans la zone à pâturage du Tell, pour 3/5 dans les immenses terrains de parcours du Sud, où les troupeaux vont au gré des saisons des plaines du Sahara aux contreforts boisés du Tell; une bergerie nationale a été installée en 1878 à Moudjebeur dans le but de mettre à la disposition des éleveurs des animaux de race améliorée.

Les chèvres, qui sont 3.700.000, vivent partout, quoique préférant les régions montagneuses et escarpées; deux espèces : l'indigène, dont la peau sert à fabriquer les cuirs marocains, la maltaise, qui est bonne laitière (remplacée dans l'O. par l'espagnole).

Le nombre des bœufs atteint 1.000.000, dont 850.000 possédés par les indigènes (moitié dans le Dép. de Constantine) et 150.000 par les Européens; l'espèce du Dép. de Constantine (bœuf de Guelma), généralement fauve ou gris clair, est la plus estimée; l'espèce d'Oran est plus grande (1m40), mais moins homogène et moins avantageuse; l'espèce des Beni Sliman (Dép. d'Alger) est bien conformée.

Les indigènes des trois Départ. possèdent 250.000 ânes; les Européens 10.000; — 114.000 mulets sont possédés par les indigènes, 31.000 par les Européens.

Sur 200.000 chevaux, 160.000 appartiennent aux indigènes, 40.000 aux Européens; le cheval du pays est de race barbe, c'est-à-dire berbère; il est excellent comme monture.

On compte 200.000 chameaux; ils sont très appréciés dans les plaines sablonneuses du Sud.

Sont exploitées 210.000 ruches, dont 197.500 par les indigènes, 12.500 par les Européens. La sériciculture n'est guère pratiquée que dans le Départ. d'Alger; les éducateurs sont européens.

Autres animaux. — Parmi les animaux sauvages : lion, panthère, hyène, chacal, singe de la Kabylie et de la Chiffa, gazelle (ou antilope), gerboise; — parmi les oiseaux : autruche (presque totalement disparue au nord du Sahara), casoar, faucon, grèbe, pintade et oiseaux de basse-cour; — parmi les reptiles : tortues, crapauds, caméléons, lézards, gecko, vipères; — les poissons de mer sont nombreux : en première ligne, sardine (à Stora, Collo, St-André), thon, saint-pierre, loup, pajot, rouget, mulet, alose, murène, dorade, sole; la langouste et la crevette abondent; — deux industries sont nées de la pêche, celles des salaisons et celle des conserves; le corail se pêchait principalement entre La Calle et Bône.

Productions minérales. — Sur plus de 200 gîtes reconnus, 52 gîtes miniers sont actuellement concédés en Algérie : 18 (dont 13 inexploités) dans le Dép. d'Alger, 6 (tous inexploités) dans le Dép. d'Oran, 28 (dont 19 inexploités) dans le Dép. de Constantine.

Sur les 14 mines exploitées, 5 sont des mines de fer et sont situées dans le Dép. de Constantine (à Aïn Mokra, Karézas, Bou Amra, El M'Kimen, La Meboudja); — 5 sont des mines de zinc et de plomb, dont 4 dans le Dép. d'Alger (à Sakamodi, Nador-Chaïr, Guerrouma, Ouarsenis) et 1 dans le Dép. de Constantine (à Hammam N'Baïls); — 2 sont des mines d'antimoine (à El Hamimat et au Dj. Taya dans le Dép. de Constantine); — 1 de mercure à Bir beni Salah (Dép. de Constantine); — 1 de combustible minéral à El-Gourin (Dép. d'Alger).

DÉP.ᵐᵉⁿᵗ D'ORAN

Divisions administratives

Echelle : 1 : 2.000.000ᵉ

1 Centimètre sur la Carte représente 20 Kilomètres

Arrond. d'Oran. 1 Assa Ameur ; 2 Assi bou Ogba ; 3. Assi bou Nif ; 4 Bou Henna ; 5. Chabet el Lekam ; 6 Fleurus ; 7 Legrand (Assa bou Ferroah) ; 8 Mangen ; 9 Akra el Kébir ; 10 Mischa Doux ; 11 Sidi Chami.

Arrond. de Mostaganem : 12 Aboukir ; 13. Ain Sidi Cherif ; 14 Ain Tedelès ; 15 Belle-Côte (Ain bou Dinar) ; 16 Bollcone (Souk el Mitou) ; 17 Noisy les Bains (Ain Nouissy) ; 18 Pelissier ; 19 Rivoli ; 20 Touria.

Arrond. de Sidi bel Abbès : 21 Bonaver (Ain Trid) ; 22 Prudon (Sidi Brahim) ; 23 Palissy (Sidi Khaled) ; 24 Tassin (Assi Zebana) ; 25 Tessala (Ain Soffra).

Limites du Département.
Limites des Arrondissements.
Limites des Communes de plein exercice.
Limites des Communes mixtes en Territoire civil.
Limites des Cercles.
Limites des Annexes.
Communes de plein exercice.
Communes mixtes en Territoire civil.
○ Chefs-lieux d'Arrondissements.
• Chefs lieux de Communes de plein exercice.
Lucien — Noms des Communes mixtes
Chefs lieux de Cercles
Chefs lieux d'Annexes

Le Territoire civil du Département d'Oran, qui est divisé en 5 Arrondissements (Oran, Mascara, Mostaganem, Sidi bel Abbès, Tlemcen), compte 82 Communes de plein exercice et 18 Communes mixtes. Le Territoire de Commandement du Département compte 3 Communes mixtes et 2 Communes indigènes.

16 Minutes sur l'heure des lieux situés sous le méridien de Paris.

DÉPART.ᵉⁿᵗ D'ALGER

Divisions administratives

Échelle : 1 : 2.000.000ᵉ
1 centimètre sur la Carte représente 20 Kilom.

Arrond.ᵗ d'Alger : 1. Amour-el-Aïn ; 2. Attatba ; 3. Baba Hassen ; 4. Beni Mered ; 5. Birkadem ; 6. Birmandreïs ; 7. Birtouta ; 8. Boufarik ; 9. Bouinan ; 10. Bourkika ; 11. Bouzaréa ; 12. Chebli ; 13. Chéragas ; 14. Chiffa ; 15. Crescia ; 16. Dély Ibrahim ; 17. Douéra ; 18. Draria ; 19. El Achour ; 20. El Affroun ; 21. El Biar ; 22. Fort de l'Eau ; 23. Hussein Dey ; 24. Kouba ; 25. Koléa ; 26. Maison Blanche ; 27. Maison Carrée ; 28. Mouzaïaville ; 29. Mustapha ; 30. Oued el Alleug ; 31. Ouled Fayet ; 32. St Ferdinand ; 33. St Pierre St Paul (Sidi Salem) ; 34. Saoula ; 35. Sidi Moussa ; 35 bis Félix Faure (Blad-Guitoun).
Arrond.ᵗ d'Orléansville : 36. Les Attafs
Arrond.ᵗ de Tizi-Ouzou : 37. Bordj Menaïel ; 38. Camp du Maréchal ; 39. Haussonviller ; 40. Loverville ; 41. Mirabeau (Dra ben Khedda).

Limites du Département.
Limites des Arrondissements.
Limites des Communes de plein exercice.
Limites des Communes mixtes en Territoire civil.
Limites des Cercles
Limites des Annexes
Communes de plein exercice.
Communes mixtes en Territoire civil
Chefs lieux d'Arrondissements
Chefs lieux de Communes de plein exercice.
Lucien — Noms des Communes mixtes
Chefs lieux de Cercles
Chefs-lieux d'Annexes

Le Territoire civil du Département de Alger qui est divisé en 5 arrondissements (Alger, Blida, Miliana, Orléansville, Tizi-Ouzou) compte 108 communes de plein exercice et 2 communes mixtes. Le Territoire de Commandement du Département compte 3 communes mixtes et 5 Communes indigènes.

sur l'heure des lieux situés sous le Méridien de Paris

Gravé par A. Simon, 13, rue Nicole, Paris.

1° à l'Ouest — 0° Méridien de Paris — 1° à l'Est — 2°
-6 Minutes   -5   -4   -3   -2   -1   Heure de Paris   +3   +4   +5   +6   +7   +8   +9   +10   +11 Minutes

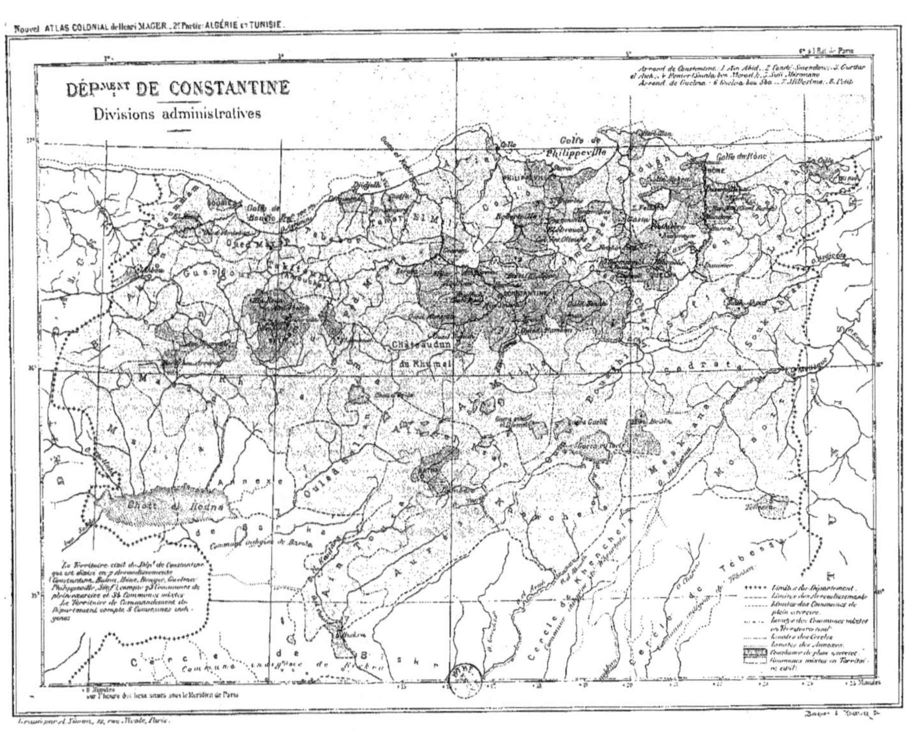

Gravé par A. Simon, 12, rue Nicole, Paris.

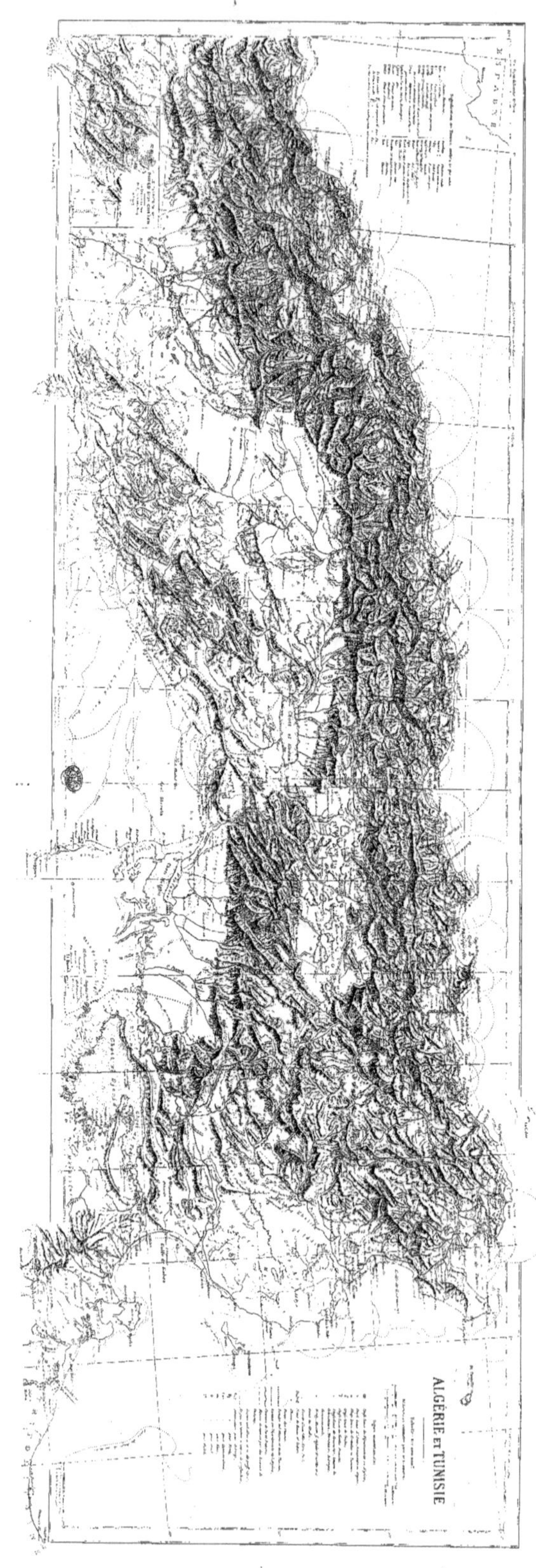

ESPAGNE
ALGÉRIE et TUNISIE

Nouvel ATLAS COLONIAL de Henri MAGER. 2e Partie ALGÉRIE ET TUNISIE

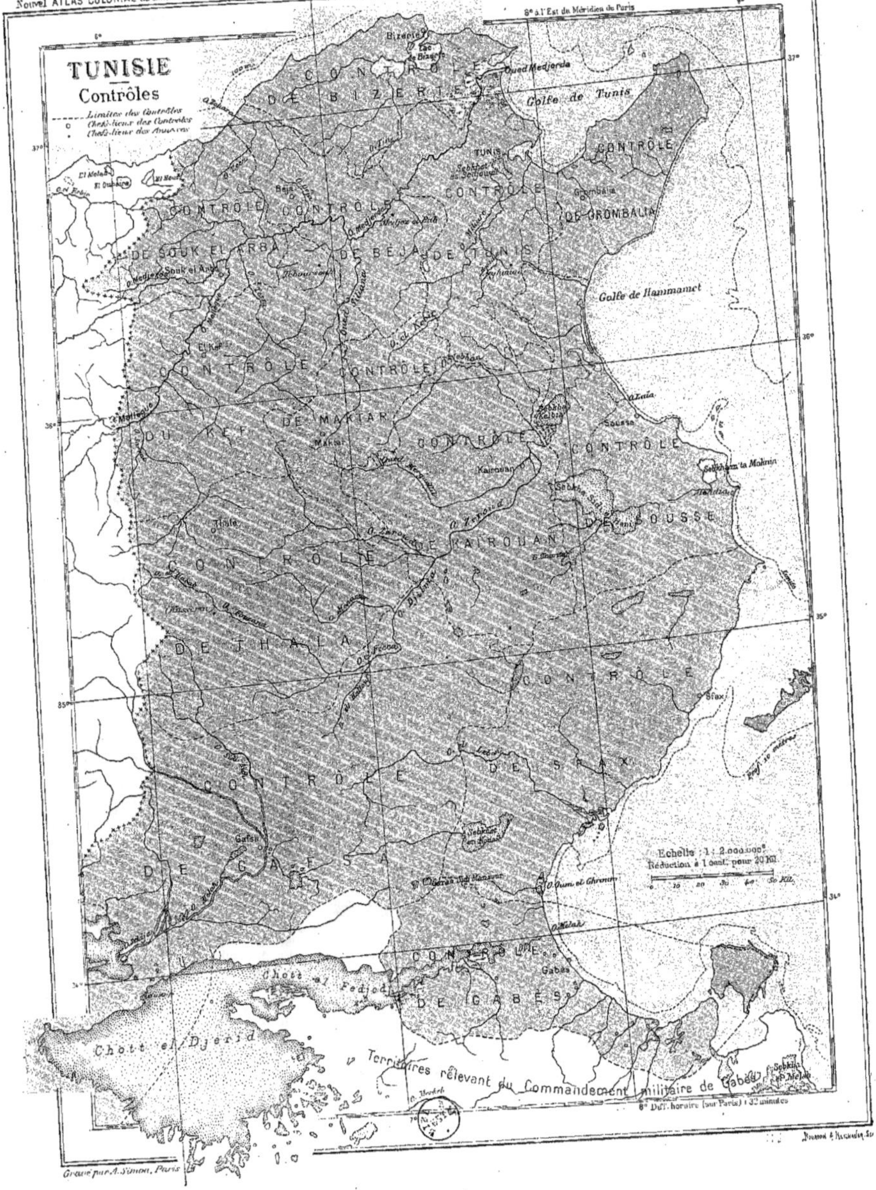

TUNISIE
Contrôles
Limites des Contrôles
Chefs-lieux des Contrôles
Chefs-lieux des Annexes
8° à l'Est du Méridien de Paris
CONTRÔLE DE BIZERTE
Bizerte
Oued Medjerda
Golfe de Tunis
TUNIS
CONTRÔLE DE GROMBALIA
Grombalia
CONTRÔLE DE SOUK EL ARBA
Souk el Arba
CONTRÔLE DE BÉJA
Béja
CONTRÔLE DE TUNIS
Golfe de Hammamet
CONTRÔLE DU KEF
El Kef
CONTRÔLE DE MAKTAR
Maktar
CONTRÔLE DE KAIROUAN
Kairouan
Sousse
CONTRÔLE DE SOUSSE
Mahdia
CONTRÔLE DE THALA
Thala
CONTRÔLE DE SFAX
Sfax
CONTRÔLE DE GAFSA
Gafsa
Echelle : 1 : 2.000.000e
Réduction à 1 cent. pour 20 Kil.
CONTRÔLE DE GABÈS
Gabès
Chott el Fedjed
Chott el Djerid
Territoires relevant du Commandement militaire de Gabès
6° Diff. horaire (sur Paris) : 32 minutes

Gravé par A. Simon, Paris

PRODUCTIONS (*suite*)

Deux de ces mines donnent un rendement annuel supérieur à 500.000 fr., la mine de fer d'Aïn Mokra et la mine de zinc de Hammam N'Baïls ; les mines de zinc de l'Ouarsenis et de Sakamodi ont aussi un large rendement.

Trois minières de fer sont d'autre part exploitées : 2 dans le Départ. d'Oran, 1 dans le Départ. d'Alger : ce sont les minières de Beni-Saf, de Bab M'Tourba et d'Aïn Oudrer.

Parmi les mines inexploitées à citer : dans le Départ. d'Oran : plomb à Gar Rouban ; zinc à Mazis, Djebel Masser, Filhaousen ; fer à Dar Rih, Camerata ; — dans le Départ. d'Alger : zinc à R'arbou ; cuivre à Oued Allelah, Oued Taflilès, Cap Ténès, Beni-Aquil, Mouzaïa, Oued Merdja, Oued Kebir ; fer à Djebel Hadid, Gouraya, Messelmoun, Souma ; lignite à Marceau ; — Dans le Départ. de Constantine, plomb à Cavallo. Sidi Kamber ; zinc à Kef Semma, Djendeli, Aïn Arko, Bekkaria ; cuivre à Djebel Téliouïne, Tadergount, Aïn Barbar, Mellaha, Kef Oum Theboul ; antimoine à Sanza : mercure à Ras El Ma, Taghit ; chrome à Euch el Bez ; fer à Djebel Anini, Aïn Sedma, Aïn bon Merouan, Filfila, Fendeck ; pyrite de fer à Aïn Sedma ; lignite à Smendou.

L'exploitation des grands gisements de phosphate de chaux de l'Algérie n'a réellement commencé qu'en 1893 à la suite de l'amodiation du gîte du Djebel Dyr ; trois des gisements concédés se trouvent entre Morsott et Tébessa (au Dj. Dyr, au Dj. Kouif, à Aïn Dibha-Aïn Kissa) ; deux au S. O. de Sétif (à Tocqueville et à Bordj Redir) ; d'autres gisements ont été reconnus sur le territoire des com. m. de Morsott, la Séfia, Meskiana, Khenchela, Rirha, Maadid.

La concession des mines est soumise en Algérie aux mêmes formalités qu'en France ; les travaux de recherche doivent avoir démontré que la mine est susceptible d'une exploitation sérieuse.

Nombreuses sont les carrières de marbres et d'onyx, de calcaires, de granites, de porphyres, de basaltes, de grès (gris, blanc, rose, rouge, bleu, jaune). Marbres : rouge au Dj. Orousse, blanc statuaire à Filfila, rose au Dj. Chenoua, autres carrières à Aïn Smara, Beni bou Rherdan (Djurjura), gorges du Belloua, Bou Yacoub, Dj. Soffa, Mahouna, Nedroma, Nemours, Oued Ksari, Gorges de Palestro ; — Onyx à Aïn Tekbalet, Aïn Smara, Marnia et Sidi Abdallah, Sidi-Brahim, Sidi Hamza ; — pierre à plâtre à la Platrière, dans différentes localités, et jusque dans l'Aurès ; — pétrole à Aïn Zeft dans le Dahra.

On compte en Algérie 26 lacs salés ou salines naturelles, 21 sources salées, 7 gîtes de sel gemme. A citer : dans le Départ. d'Oran : Sebkha d'Oran (32.000 hectares), à l'altitude de 80 m., saline louée par le Domaine, Saline d'Arzeu (4.000 hect.) concédée, et où est installée une usine pour le broyage et le criblage du sel d'évaporation, Sebkha de Sidi Bou Zian (1.700 hect.), saline louée, Chott ech Chergui (long de 140 kilom.) ; sel gemme à Aïn Ouarka (S. d'Aïn Sefra), Oued Cheria (S. de Géryville), Dj. Melah (S. d'Aflou) ; — Dans le Départ. d'Alger : Zahrez Gharbi (32.000 hect.), à l'altitude de 857 m. et Zahrez Chergui (50.000 hect.), alt. 840 m., à sec en été, utilisés par les indigènes, le Rocher de Sel, dans le Dj. Sahari, sur la route de Djelfa (sel gris bleuâtre non stratifié) ; — dans le Départ. de Constantine : Chott El Hodna (84.000 hect.), Guera et Tarf (20.000 hect.) et les lacs voisins, Chott Melghir (200.000 hect.) dans une dépression saharienne inférieure au niveau de la mer, tous exploités par les indigènes ; 16 sources salées, dont 11 exploitées par les indigènes ; sel gemme, exploité par les indigènes, à Ouled Khebbeb (O. de Mila), et El-Outaïa (N. de Biskra).

Eaux minérales et thermales abondantes, pouvant soutenir la comparaison avec les meilleures de l'Europe : on compte 47 sources sulfureuses, 47 salines, 40 ferrugineuses, 7 alcalines, 3 gazeuses, 29 thermales simples.

Les eaux les plus fréquentées sont celles de : Hammam Righa, (s. sal. sulfatée) magnifique établissement à 12 kil. de Bou Medfa (D. d'A.) ; Hammam Meskoutine, source (suit.) très abondante, à la température de 95° dans un site merveilleux, à 20 kil. de Guelma (D. de C.) ; Salahhin (ou Font-Chaude), à 8 kil. de Biskra (D. de C.), temp. 46° (s. sal.) ; — autres eaux : Dép. d'Oran : Aïn-Nouissy ou Noisy les Bains (s. sulf.), Bains de la Reine (s. sal.) ; Dép. d'Alger : le Frais-Vallon (s. ferr.), Berrouaghia (s. sulf.), Hammam Melouan, (s. sal.) ; Dép. de Constantine : Oued Hamimin (s. sulf.), Youks (s. therm. s.)

COMMERCE

Exportations. — Au début de la conquête, l'Algérie n'exportait pas pour une valeur de 1 million : peu à peu, avec l'extension de la colonisation et la pacification du Tell, les ventes de la Colonie purent s'augmenter ; elles atteignaient en 1845 10 millions ; elles s'élevèrent dès que les grandes opérations furent terminées ; en 1855, elles sont de 50 millions, en 1865 de 100 millions, vers 1875 de 150 millions, en 1885 de près de 200 millions : les exportations approchent actuellement de près de 300 millions.

En 1896, l'Algérie exportait (au commerce spécial) 231 millions, dont 196 millions sur la France et 34 millions seulement sur l'étranger ; elle envoyait en France pour 100 millions de vins, pour 35 millions de céréales (graines et farines), pour 16 millions de moutons et 6 millions de laines en masse, pour 6 millions d'halfa, pour 5 millions de tabac fabriqué et 3 millions de tabac en feuilles ou en côtes, pour 4 millions de bœufs, 4 millions de peaux et pelleteries brutes, 4 millions de liège, 4 millions de minerais de fer, comme des fruits et légumes, des chevaux, du crin végétal, des poissons frais, secs et salés, des huiles, des phosphates, du cuivre, des écorces à tan, des fourrages.

En 1897, l'exportation des vins montait à 135 millions, des moutons à 20 millions ; l'exportation des céréales était limitée à 22 millions par les sécheresses persistantes, celle des phosphates, du minerai de zinc était en progression ; en 1898, la France recevait de l'Algérie plus de 116 millions de vins, 29 millions de céréales, 22 millions de moutons, 8 millions de laines.

Pour transporter les produits exportés, il a été chargé en 1897, avec les exportations destinées à la France, 1866 navires français, jaugeant 1.420.000 tonneaux (les relations directes entre la Colonie et la France sont réservées au pavillon national), — et avec les exportations destinées à l'étranger (ou aux Colonies françaises) 1345 navires (dont 1071 étrangers), jaugeant 730.000 tonneaux. Au premier rang des ports d'exportation viennent par importance : Alger, Oran, Bône et Philippeville ; Beni Saf tire quelque importance de ses exportations de minerais de fer vers l'étranger.

Le régime des marchandises exportées de l'Algérie à destination de l'étranger est le même qu'à l'exportation de la Métropole.

Importations. — L'Algérie, qui ne demandait encore à l'extérieur que pour 16 millions de mar...dises en 1835, en achetait en 1845 pour 100 millions, en 1865 pour 165 millions, en 1875 pour près de 200 millions, en 1895 pour 280 millions.

Plus de la moitié des importations consistent en objets fabriqués ; la presque totalité de ces objets viennent de France, à savoir : 30 millions environ de cotonnades, 10 millions de confections, 8 à 10 millions d'ouvrages en métaux, d'ouvrages en peau, d'ouvrages en bois, de lainages, 5 millions environ de chacune de ces classes d'objets : papier, poterie et verrerie, parfumerie, machines.

Comme matières nécessaires à l'industrie viennent de France : du tabac, des bois, des matériaux ; de l'étranger, de la houille, des bois de la fonte, du tabac.

Comme objets d'alimentation viennent de France : des céréales du beurre, du sucre, du vin, des huiles, des eaux-de-vie, de légumes secs ; de l'étranger du café, des bestiaux, des céréales.

Les produits naturels ou fabriqués originaires de France (à l'exception des sucres), et les produits étrangers naturalisés dans la Métropole par le payement des droits, sont admis en franchise à leur importation directe dans les ports de l'Algérie (loi de 1867) ; quant aux marchandises venant de France par suite d'entrepôt ou de transit, elles sont traitées comme si elles arrivaient de l'étranger.

Les marchandises étrangères importées en Algérie sont soumises aux mêmes droits que si elles étaient importées en France, à l'exception des sucres, poivres, piments, cannelles, muscades, macis, vanilles, girofles, qui payent deux tiers des droits du tarif métropolitain, des cafés (régime de 1875), des tabacs (régime de 1897) ; les armes et munitions de guerre restent frappées de la prohibition édictée par la loi de 1867. Les produits originaires des pays auxquels le tarif minimum a été concédé sont admis en Algérie aux droits de ce tarif ; sont admis en franchise, mais seulement lorsqu'ils sont importés par la frontière de terre, les produits naturels ou fabriqués originaires de la Régence de Tunis et de l'Empire du Maroc. Depuis 1896 ont été constitués dans le sud des marchés francs, où les marchandises, quoique étrangères, sont exonérées de droits de douane (et de droits d'octroi) ; ce sont El Oued, Touggourt, El Goléa, El Abiodh, Djenien bou Rezg, El Aricha, Lalla Maghrnia.

Certaines marchandises payent à leur entrée dans les ports algériens un octroi de mer, dont le produit est réparti entre les communes au prorata de leur population.

Sur un chiffre d'achats à l'extérieur de 260 à 280 millions, l'Algérie ne demande à l'étranger que 50 à 60 millions et encore demande-t-elle à l'étranger des marchandises que la France ne peut donner, comme le café, ou que la France pourrait difficilement céder, comme la houille, le bois, le bétail.

Pour transporter les 276 millions importés en 1897, il a été chargé de France 1.832 navires français, jaugeant 1.390.000 tonneaux, qui sont entrés à Alger, à Oran, à Philippeville, à Bône ; il a été chargé de l'étranger 1.275 navires (dont 298 français), jaugeant 680.000 tonneaux et qui se sont dirigés plus particulièrement sur Alger et Oran.

Grâce à l'extension des cultures, l'équilibre a pu s'établir entre la valeur des exportations et celle des importations : en 1897 l'Algérie a vendu pour 293 millions et n'a acheté que pour 276 millions : la situation économique de la Colonie est donc prospère et l'avenir assuré dans les meilleures conditions.

DÉPARTEMENT D'ALGER

Les 5 arrondissements du département ont pour chefs-lieux : Alger, Médéa, Miliana, Orléansville, Tizi Ouzou : — Alger, capitale de l'Algérie (92.000 habitants, dont 42.000 français), bâtie en amphithéâtre sur le versant d'une ramification du Sahel, où se distingue une ville haute de cachet arabe que domine la Kasba et une ville basse, construite à la française, sur le bord de la mer : monuments arabes : la Grande-Mosquée (de rite malékite) ou Djâma Kebir, du X° siècle, la Mosquée de la Pêcherie (de rite hanafite) ou Djâma Djedid, du XVII° siècle, bâtie par les Turcs, la Mosquée de Sidi Abd er Rahmân, datant du XV° siècle; monuments mauresques : le Palais du Gouverneur, la Bibliothèque nationale; monuments modernes : le Palais Consulaire, le Grand Théâtre; port le plus actif de l'Algérie; — Médéa (1.500 Français), ancien chef-lieu du Titeri sous la domination turque, ville d'apparence européenne, sur un plateau élevé; aux environs, vignobles, céréales, fruits; sur le chemin de fer de Blida à Berrouaghia; — Miliana (1.200 Français), dans les montagnes du Zaccar-Gharbi, à 740 m. d'alt., à 9 kil. de la station d'Affreville; territoire abondamment arrosé : vignobles, céréales, minoteries; — Orléansville (1.400 Français), fondé par le maréchal Bugeaud en 1843 sur la rive gauche du Chélif, à 209 kil. d'Alger par chemin de fer; — Tizi Ouzou (1.000 Français), dans la Grande-Kabylie, à 257 m. d'alt., à 1 kil. de la station.

Les principaux ports du Départ. sont, de l'E. à l'O. : Port-Gueydon (anc. Azeffoun), sur les ruines de Rusazu, au flanc du Cap Corbelin, ne possède qu'un débarcadère; — Dellys, sur l'emplacement de Rusucuru, entrepôt de la Kabylie Orientale; — Alger, où les Turcs n'avaient qu'une darse sans profondeur et mal abritée; il y a été fait des travaux considérables ayant coûté 48.000.000 de fr., dont 5.500.000 fr. pour les formes du radoub; par suite de l'augmentation du trafic l'extension du port vers le sud est devenue nécessaire; des annexes vont être créées dans la Baie de l'Agha : elles exigeront environ 6 millions; — Tipaza, au milieu de l'ancienne enceinte romaine de Tipasa, est plutôt un débarcadère qu'un port; — Cherchel, dont le port est petit, l'ancienne colonie phénicienne de Iol, l'ancienne Cæsarea de la Maurétanie cæsarienne, — Gouraya, dans une contrée riche en fer et en cuivre; son débarcadère n'est praticable que par temps très calme; — Ténès sur l'emplacement de Cartenna, entrepôt naturel d'Orléansville et de la partie centrale du Chélif, où d'importants travaux ont été faits pour créer un port de refuge entre Alger et Arzeu, distants l'un de l'autre de 180 milles.

Les principales communes du Sahel d'Alger sont : St-Eugène (agglomération de villas); — Mustapha, comprenant Mustapha inférieur (avec le Jardin d'Essai), et Mustapha supérieur (Palais d'Été du Gouverneur, Musée d'Antiquités); — Hussein Dey (usines, fermes, villas); — Kouba; — Birkadem (ferme et villas); — Saoula (fabr., de crin végétal); — Crescia; — Douéra (un des centres les plus importants du Sahel); — Maelma; — St-Ferdinand; — Baba Hassen; — Draria (carrières de pierre); — El Achour (ferme domaniale); — Dély Ibrahim; — Ouled Fayet (cultures maraîchères, bestiaux); — Staouéli (importante colonie agricole, vignes, geranium, oranges, bétail, ruches, moulins à farine); — Chéragas ou Chéraga (cultures de céréales et de plantes odoriférantes, distilleries, moulins à blé et à huile, fabr. de crin végétal); — Guyotville (dans un territoire fertile, à 1 kil. grotte préhistorique); — la Bouzaréa sur le Bouzaréa, montagne de 407 m.); — El Biar (magnifique panorama sur Alger et la Baie); — Birmandreïs (cultures et jardins).

Dans la Mitidja, principales communes sur la ligne du chemin de fer d'Oran : Maison-Carrée, sur la rive droite de l'Harrach (vignobles, vergers, minoteries); — Birtouta (à 26 kil.); — Boufarik (37 kil.), marché important, orangeries; — Beni Mered (45 k.), vignobles, orangeries, distilleries; — Blida (51 k.), à 1 kil. de la gare, sur un affluent de la Chiffa, entouré de jardins d'orangers et d'oliviers, (magasins à tabac, minoteries, fabr. de pâtes alimen-

taires, de papier, pressoirs à huile) : — La Chiffa (58 kil.), orangers; — Mouzaïaville (63 kil.), marché fréquenté; — El Affroun (69 kil.), fabr. de crin végétal; — Alma (grandes exploitations); — Fondouk (à 6 k. barrage de l'O. Hamiz); — Rivet (belles cultures, orangeries, carrières de pierres); — Arba (grandes cultures, orangeries, moulins); — Rovigo (belles cultures, orangeries, carrières de plâtre et de sable siliceux); — Bouïnan, d'où la ligne des hauteurs contournant la Mitidja rejoint Blida; — la Mitidja est limitée à l'ouest par les territoires de Marengo et de Montebello (en partie sur l'emplacement du lac Halloula, aujourd'hui desséché).

Les stations du chemin de fer sont au delà d'El Affroun et de la Mitidja : Oued Djer (78 kil.), où apparaissent dans la montagne boisée les lentisques, les pins, les chênes ballout; — Bou Medfa, (91 kil.), la voie continue à monter; — Vesoul-Benian (98 kil.), vignes, céréales, bestiaux; — Adélia (110 kil.) au sortir du tunnel de l'Atlas (vignobles); — Affreville (120 kil.), dans la vallée du Chélif; — Lavarande (124 kil.), terres irriguées, de bonne qualité, comme dans toute la vallée du Chélif; — Les Arib (134 kil.); — Duperré (146 kil.); — Kherba (154 kil.); — Oued Rouïna (160 kil.), non loin, minerais de fer; — St-Cyprien des Attafs (170 kil.); — Les Attafs-Carnot (173 kil.); — Témoulga (183 kil.), près de gîtes de fer; — Oued Fodda (186 kil.); — Le Barrage (195 kil.) à 6 kil. du barrage du Chélif, achevé en 1872; — Pontcha (203 kil.), vins et eaux-de-vie de marc; — Orléansville (205 kil.); — Oued Sly (224 kil.); — Bou Kader ou Charon (232 kil.), dernière station du Départ. d'Alger.

La ligne ferrée d'Alger à Constantine, qui se détache de la ligne d'Oran à la Maison-Carrée (11 kil.), passe à Oued Smar (16 kil.); — Maison-Blanche (19 kil.), village agricole; — Rouïba et Aïn Taya (26 kil.), ferme modèle, madrague, salines naturelles; — Reghaïa (32 kil.) cultures et oliviers; — Alma (39 kil.); — Corso (42 kil.); — Alléliguia (46 kil.); — Belle-Fontaine (49 kil.); — Ménerville (54 kil.), à l'entrée de la Kabylie; de Ménerville à Bouïra la voie côtoye les montagnes, qui enserrent la Grande Kabylie; — Souk el Haâd (61 kil.); — Beni Amran (65 kil.); — Palestro (77 kil.); — Thiers (88 kil.), vignes; — Aomar et Dra el Mizan (99 kil.), vignes, figuiers, oliviers; — Bouïra (123 kil.); de Bouïra aux Beni Mansour, la voie suit l'immense plaine du Hamza; — El Esnam (137 kil.); — El Adjiba (151 kil.), céréales, oliviers, vignes; — Maillot (162 kil.); — Beni Mansour (172 kil.), où le chemin de fer bifurque d'un côté sur Bougie, de l'autre sur Constantine.

De Ménerville un embranchement se dirige sur Tizi Ouzou (53 kil.), par Félix-Faure, anc. Blad Guitoun (7 kil.); — Isserville-les-Isser (11 kil.), marché important; — Bordj Menaïel (16 kil.), minoterie; — Haussonvillers (28 kil.), marché important; — Camp du Maréchal (36 kil.); — Mirabeau (43 kil.); — Bou Khalfa (50 kil.).

Chemins de fer sur route : d'Alger à Guyotville (16 kil.), d'Alger à Rovigo (37 kil.), du Camp du Maréchal à Dellys (31 kil.), d'El Affroun à Marengo (20 kil.).

Une grande route nationale relie Alger à Oran (411 kil.) et une autre Alger à Constantine (434 kil.). Une route nationale se dirige d'Alger (ou mieux de Maison-Carrée) sur Bou Saâda, passant par Arba, Sakamodi (mines de zinc), Tablat, Bir Rabalou (dans la fertile Plaine des Arib), les Trembles, Aumale (l'ancienne Auzia), Bou Saâda (à 238 kil.), ville d'aspect saharien (commerce d'échange). — Une autre route se dirige sur Laghouat par le Sahel, la Mitidja, les Gorges de la Chiffa dans l'Atlas, le Camp des Chênes, près des anc. mines de cuivre de Mouzaïa, Médéa, Damiette (vins), Ben Chicao, au faîte de l'Atlas, Berrouaghia, Boghari (à 8 kil de Boghar, le Balcon du Sud); 18 kil. plus loin commencent les Hauts-Plateaux, région du halfa, jusqu'au Rocher de Sel; au delà du Rocher de Sel s'élèvent les hauteurs, qui séparent les Hauts-Plateaux (le Petit-Désert) du Grand-Désert; à 333 k. d'Alger, Djelfa, centre des Ouled Naïl (céréales, moutons, chameaux); à 449 kil., Laghouat (belles cultures de vergers et de palmiers); — Ghardaïa, chef-lieu des Beni Mzab, est à 189 kil. plus au sud; El Goléa, ksar des Chamba Mouadhi, est à 273 kil. de Ghardaïa, à 911 kil. d'Alger.

DÉPARTEMENT D'ORAN

Les 5 arrondissements du département ont pour chefs-lieux : Oran, Mascara, Mostaganem, Sidi bel Abbès, Tlemcen : — Oran (80.000 hab., dont 25.000 Français), bâti au fond d'une baie, sur les deux flancs d'un ravin (l'Ouarhan ou Râs el Aïn), dont la gauche est occupée par la vieille ville espagnole (l'ancienne Blanca), la droite par la ville neuve (Place d'Armes, Promenade de l'Étang), que prolonge le quartier de Karguenta et le Village Nègre ; — Mascara (4.700 Français), à 572 m. d'alt., bâti sur deux mamelons, que sépare un ravin, au flanc du Djebel Beni Chougran, dominant la fertile Plaine d'Egris, entouré de riches vignobles (vin renommé), de céréales, de tabac, d'oliviers, minoteries; burnous noirs (zerdani), marché important; — Mostaganem (4.371 Français), sur un plateau, à 1 kil. de la mer; — Sidi bel Abbès (6.950 Français), à 800 m. de la gare, à 475 m. d'alt., ville européenne, au centre d'une vaste et belle plaine arrosée par l'O. Mekerra; — Tlemcen (2.655 Français), sur un plateau, au pied des rochers de Lella Setti, fut, sous le nom d'Agadir et Tagrart, la capitale du Magreb el Oust ou central (Départ. d'Oran et d'Alger) jusqu'au XVIe siècle; sa citadelle le Méchouar date du XIIe siècle, comme la Grande Mosquée (Djàma Kebir) : le Grand Bassin (Sahridj) est du XIVe siècle.

Les principaux ports du Départ. sont, de l'E. à l'O. : Mostaganem,

port en construction dans une rade très exposée aux vents; — Arzeu (et non Arzew), près des ruines de Portus magnus, dans une baie qu'abrite le Cap Carbon, grand commerce d'halfa; — Oran, port très actif, en relation avec la France, l'Espagne et le Maroc : sa construction a coûté 19 millions; — Mers el Kebir, le grand port des Arabes, le Portus Divinus des Romains, rade profonde et sûre, a perdu son importance commerciale depuis l'achèvement du port d'Oran; — Beni Saf, petit port où se chargent les minerais de fer de la région; — Rachgoun, à l'embouchure de la Tafna, port projeté; — Nemours, sans défense contre les vents.

Les principales communes des environs d'Oran sont à l'E. : Arcole (eau gazeuse); — Sidi Chami (vignes, avoine); — Mangin; — Assi bou Nif (orthographe administrative pour Hàsi bou Nif ; — Assi Ameur; — Assi ben Ogba; — St-Louis; — Legrand; — Fleurus (au commencement de la Plaine de Télamin); — St-Cloud (vignobles, avoines, moutons); — Kléber (près des carrières de marbre rouge et des mines de fer du Dj. Orousse); — St-Leu (orge); — à l'O. : Aïn el Turk; — Bou Sfer, au pied du Murdjadjo (vins renommés des Andalous, blé tendre); — El Ançor.

Stations du chemin de fer d'Oran à Alger : Karguenta (à 421 kil. d'Alger), quartier de la Ville-Neuve; — la Sénia (5 kil.; oliviers); — Valmy (10 kil.), à la pointe de la Grande Sebkha (blé tendre); — Arbal (17 kil.); — Ste-Barbe du Tlélat (26 kil.), nombreuses fermes, blé tendre européen, orges, fèves; — Mare d'Eau (40 kil.) près de la forêt de Moulaï Ismaïl; — l'Ougasse (45 kil.), grandes cultures; — St-Denis du Sig, belles fermes, blé dur, orge, oliviers, minoterie : barrage du Sig à 3 kil.; — L'Habra ou Bou Henni (61 kil.), près de la forêt de l'Habra; — Perrégaux (75 kil.), à 12 kil. du barrage de l'Habra et de l'O. Fergoug (orge); — Sahouria (81 kil.), vignes; — Oued Malah (89 kil.), dans l'immense Plaine du Sig; — l'Hillil (106 kil.), dans la riche vallée de l'Hillil (affl. de la Mina); — Les Silos ou Clinchant (116 kil.); — Relizane (125 kil.), dans la plaine fertile de la Basse Mina, marché important, à 4 kil. du barrage de la Mina; — Les Salines (138 kil.), près du Lac salé de Bou Zian; — Djidiouïa ou St-Aimé (158 kil.); usine traitant le bitume du Dahra; — Oued-Riou ou Inkermann (167 kil.), usine pour l'exploitation du pétrole d'Aïn Zeft; — Le Merdja (178 kil. d'Oran et 243 kil. d'Alger).

Le chemin de fer d'Oran à Aïn-Temouchent passe à : La Sénia; — Misserghin (20 kil.); moulins à farine, distilleries d'asphodèle; fabr. de crin végétal, autrucherie, oliviers; — Brédéah (31 kil.), sources abondantes; — Bou-Tlelis (36 kil.), près de la Forêt de Msila; — Lourmel (47 kil.), orge, bechna; — Er Rahel (56 kil.), à l'entrée de la fertile Plaine de la Mléta (blé tendre); — Rio Salado (64 kil.), près de la Rivière Salée ou Rio Salado, (blé tendre, oliviers); — Chabet el Leham (70 kil.), près d'un bois (orge, avoine); — Aïn Temouchent (76 kil.), centre agricole, blé tendre, moulins à farine.

Le chemin de fer, qui se détache à Ste-Barbe du Tlélat, de la ligne d'Oran à Alger, pour se diriger droit au sud, vers les Hauts-Plateaux, passe à : St-Lucien (6 kil.); — Lauriers-Roses (16 kil.), meuneries; — Oued Imbert (29 kil.), blé tendre; — Les Trembles (36 kil.); — Prudhon, anc. Sidi Brahim (42 kil.), terres fertiles; — Sidi bel Abbès (52 kil.); — Sidi Lhassen (58 kil.); — Sidi Khaled (64 kil.); — Bou Khanéfis (71 kil.); — Tabia (75 kil.); — Chanzy (83 kil.); — Si Slissen (100 kil.); — Magenta (115 kil.); — Les Pins (122 kil.); — Titen Yaya (129 kil.); — Bedeau (143 kil.); — Ras el Mà (152 kil.), à l'entrée des Hauts-Plateaux; — un embranchement se dirige sur Taffaman (88 kil. de Ste-Barbe); — Aïn Tellout (99 kil.); — Lamoricière (107 kil.), territoire riche; — Oued Chouli (118 kil.); — Aïn Fezza (130 kil.); — Tlemcen (139 kil.).

Le chemin de fer d'Arzeu à Saïda, prolongé actuellement jusqu'à Djenien bou Rezg et Duveyrier, passe à : St-Lou (7 kil.); — Port-aux-Poules (17 kil.); — La Macta (21 kil.); — Débrousseville (38 kil.), vignes; — Garage Agricole (42 kil.), domaine de la Compagnie Franco-Algérienne; — Perrégaux (51 kil.), station du chemin de fer d'Oran; — Barrage Oued Fergoug (62 kil.), le bassin formé par le barrage peut mettre en réserve 14 millions de mètres cubes d'eau; — Dublineau ou Oued el Hammam (71 kil.), dans les montagnes; — La Guethna (80 kil.), fermes; — Bou Hanifia (88 kil.); — Tizi (100 kil.), d'où un embranchement de 12 kil. dessert Mascara; — Froha (107 kil.); — Thiersville (113 kil.), où finit la Plaine d'Egris; — Taria (127 kil.), où le terrain commence à se relever; — Charrier (140 kil.), dépôt d'halfa; — Franchetti (145 kil.), cultures; — Les Eaux-Chaudes (158 kil.); — Nazereg (166 kil.), climat de France; — Saïda (171 kil.), à 880 m. d'alt., pays fertile (vignes, orge), près de la crête, qui limite les Hauts-Plateaux; — Aïn el Hadjar ou Maugerville (182 kil.), ateliers pour le triage et l'expédition des halfa; — Bou Rached (191 kil.); — Tafaroua (206 kil.), sur les Hauts-Plateaux; — Kralfallah (215 kil.), chantier d'halfa; — Modzbah (238 kil.), dépôt d'halfa et embranchement de 32 kil. sur Marhoum, centre halfatier; — Tin Brahim (248 kil.), au centre de la mer d'halfa; — El Kreider (271 kil.), dans la dépression du Chott ech Chergui; — Bou Ktoub (285 kil.); — El Biod, gare fortifiée (323 kil.); — Méchéria (352 k.), chef-lieu de cercle militaire; — Naâma (385 kil.), poste fortifié; — Mékalis (420 kil.), point culminant à 1323 m.; — Aïn Sefra (454 kil.), gare fortifiée, chef-lieu de cercle; — Moghar Tahtani; — Djenien bou Rezg; — cette ligne est en construction sur Duveyrier (Ez Zoubia) et sera ultérieurement menée jusqu'à Igli.

Le chemin de fer de Mostaganem au Tiaret passe à : Pélissier (6 kil.); — Aïn Tédelès (21 kil.), marché important; — Oued el Kheir (32 kil.); — Mekalia (47 kil.); — Sidi Kheltab (55 kil.); — Bel Hacel (61 kil.); — Relizane (76 kil.), station du chemin de fer d'Oran; — Oued Khelloug (85 kil.), chevaux et bestiaux; — Sidi Mohammed ben Aouda (93 kil.); — Fortassa ou Uzès-le-duc (119 kil.), vergers arabes; — Djilali ben Amar (134 kil.); — Méchéra Sfa (163 kil.); — Aïn Sarb (173 kil.); — Séfalou (177 kil.); — Tagdempt (187 kil.); Tiaret (197 kil.), chef-lieu de cercle militaire, fondé en 1843, à 1.090 m. d'alt.; belle vue sur les Hauts-Plateaux du Sersou (céréales, vignes, marché important).

Une route nationale se dirige d'Oran vers Géryville : par St-Denis du Sig, Mascara, Saïda; à partir de Aïn el Hadjar, simple piste, par le caravansérail d'El Maï, datant de 1846, par la dépression du Chott ech Chergui, qui se traverse tantôt sur des bandes sablonneuses, tantôt sur terre ferme, par le caravansérail de Sfissifa, et l'étape de Kheneg el Azir; — Géryville, à 335 kil. d'Oran, chef-lieu de cercle, à 1.307 m. d'alt.; — à 40 kil. au S. E. de Géryville ksar de Ghassoul; — à 70 kil. ksar de Brézina, point de départ des caravanes, qui vont dans les oasis des Beni Mzab (Berrian, Ghardaïa, Melika, Beni Isguen, Bou Noura, El Attef).

Une autre route nationale relie Mers el Kebir à Tlemcen (148 kil.) par Oran, Misserghin, Aïn Temouchent.

La route nationale, qui se détache à Relizane de la route d'Alger à Oran, gagne la frontière du Maroc (288 kil.) par El Bordj (partie inachevée), Sidi bel Abbès, Tlemcen, Lalla Maghrnia.

DÉPARTEMENT DE CONSTANTINE

Les 7 arrondissements du département ont pour chefs-lieux : Constantine, Batna, Bône, Bougie, Guelma, Philippeville; — Constantine (47.000 hab., dont 18.000 Français), l'ancienne Cirta, bâtie sur une presqu'île en trapèze, contournée par le ravin du Rhumel, divisée en deux quartiers, l'européen et l'arabe (grande fabrication indigène : ouvrages en peau, tissus de laine : haïk, burnous, gandoura, telli, tapis); — Batna (1.973 Français), créé en 1844, à l'entrée d'une plaine immense, à 11 kil. de Lambèse, ancien camp romain, à 9 kil. de Timgad, où toute une ville romaine a été mise à jour par des fouilles habiles; — Bône (12.000 Français), à 2 kil. de l'ancienne Hippone ou Hippo Regius, au pied de l'Edough, sur le bord de la mer, comprenant une ville ancienne et une ville nouvelle; — Bougie (2.500 Français), l'ancienne Saldæ, bâtie en amphithéâtre sur le bord de la mer, entrepôt de la vallée de l'O. Sahel; — Guelma (1.400 Français), à 244 m. d'alt., dans une plaine au sud de la Seybouse (marché important, minoteries, tanneries); — Philippeville (7.000 Français), fondé en 1838, sur le bord de la mer, près de l'emplacement de Rusicada, à l'aspect d'une ville française (aux environs, vins rouges et blancs); — Sétif (2.400 Français), à 1.096 m. d'alt., sur l'emplacement de l'ancienne Sitifis (marché important, fermes nombreuses, blé, vigne).

Les principaux ports du Départ. sont de l'E. à l'O. : La Calle, ville bâtie sur des rochers, port ne pouvant recevoir que des navires d'un tirant inférieur à 3 m. 50 cent., défendu par une jetée; pêche de corail à la drague, en décroissance, comme la pêche de la sardine, et de l'anchois; les premiers établissements français, qui y furent fondés, datent de 1559;—Bône, au fond d'une rade parfaitement abritée contre les vents d'Ouest; d'importants travaux d'agrandissement et d'amélioration doivent

y être exécutés; lorsqu'ils seront terminés, la construction de ce port aura coûté 26 millions; exporte des minerais de fer et des phosphates; — Herbillon, crique de relâche, avec jetée; — Philippeville, port comprenant un avant-port et une grande darse, pour lesquels 20 millions ont déjà été dépensés; travaux d'amélioration en cours; — Stora, rade magnifique, mais sans importance depuis la construction du port de Philippeville; nombreuses sardineries; — Collo, abrité des vents de l'O. et du N., intenable par vents du N. E. à l'E.; importantes sardineries, exportation des chênes-liège de Bessonbourg; — Djidjelli, sur une presqu'île rocailleuse, l'ancienne Igilgilis, où les navires ne peuvent guère mouiller que pendant la belle saison; — Bougie, dans une rade sûre, abritée de tous les vents, où se poursuivent d'importants travaux d'amélioration.

Les stations du chemin de fer de Constantine à Alger sont les suivantes : Hippodrôme (3 kil.), champ de course; — Oued Hamimim (11 kil.); — Le Kroub ou Khroubs (16 kil.), marché de bestiaux; — Ouled Ramoun ou Rhamoun (27 kil.), riches cultures; El Guerra (37 kil.), où commence les grandes plaines (quelques fermes); — Oued Seguin (61 kil.); — Mechta-Châteaudun (80 kil.); — St-Donat (97 kil.); — Bir el Arch ou Navarin (110 kil.); — St-Arnaud (125 kil.); — Chasseloup-Laubat (142 kil.); — Sétif (156 kil.); — Meslong (168 kil.); — Hammam (181 kil.); — Tixter-Tocqueville (193 kil.); — Aïn Tassera (201 kil.), fermes; — Chénia-Cérez (210 kil.) moulins; — El Anasseur-Galbois (219 kil.); — Bordj bou Arréridj (226 kil.), où finit la Plaine de Sétif; — El Achir (238 kil.); — Mansourah (255 kil.); — Mzita (264 kil.); — Les Portes de Fer (279 kil.), défilé dans le grand massif, qui s'étend d'Aumale à la Petite Kabylie.

Cette voie se prolonge, sur un parcours de 87 kil. jusqu'à Philippeville, en passant par : Hamma (7 kil.), ruisseaux d'eaux thermales (33°), jardins, cultures, usines, bétail; — Bizot (13 kil.); — Smendou (27 kil.), territoires fertiles, marché important; — Col des Oliviers (41 kil); — El Arrouch (50 kil.), jardins, moulins à huile, marché important; — Robertville (57 kil.), cultures,

huilerie à vapeur; — St-Charles (68 kil.), vignes, oliviers; — Saf-Saf (76 kil.); — Damrémont (81 kil.), non loin de Valée (grands vignobles) et de Filfila (carrières de marbre); — Philippeville (87 kil.).

La voie de Constantine à Batna se détache de la ligne Constantine-Alger à El-Guerra; passe à : Aïn M'lila (13 kil. d'El-Guerra); — Les Lacs (31 kil.), récolte de sel du Tinsilt; — Aïn-Yagout (48 kil.); — Fontaine-Chaude (56 kil.), d'où s'aperçoit dans le lointain le Medracen, tombeau des anciens rois numides; — El Madher-Pasteur (64 kil.); — Fesdis (70 kil.); — Batna (81 kil.); — Lambiridi (92 kil.); — Aïn-Touta ou Mac-Mahon (114 kil.), bonnes terres; — Les Tamarins (122 kil.); — Maâfa (129 kil.); — El Kantara (146 kil.), petite oasis (palmiers); — Fontaine des Gazelles (164 kil.); — El Outaïa (174 kil.), palmiers; à 2 kil. Djebel el Melah (montagne de sel gemme, grossièrement exploitée); — Ferme Dufour (185 kil.); — Biskra (202 kil.).

La voie ferrée de Beni-Mansour (sur la ligne de Constantine-Alger) à Bougie dessert, dans la Vallée de l'Oued Sahel ou Soummam : Tazmalt (8 kil.); — Allaghan (13 kil.), fermes et usines; — Akbou-Metz (24 kil.); — Azib ben Ali Chérif (31 kil.), orangers, oliviers, huileries à vapeur; — Ighzar-Amokran (35 kil.), moulins à vapeur; — Takriets-Seddouk (41 k.); — Sidi Aïch (47 kil.); — El Maten (57 kil.); — El Ksour (65 kil.); — La Réunion (77 kil.); — Bougie (89 kil.).

La voie ferrée de Constantine à Bône, par le Kroub, passe à : Bou Nouara (14 kil. du Kroub), près des monuments mégalithiques du Djebel Mazala; — à Aïn Abid (26 kil.), qui, avec Aïn Régada (41 kil.), et Oued Zénati (52 kil.), forme un des domaines concédés à la Société algérienne (marché important); — Bordj Sabath (68 kil.); — Taya (79 kil.); — Hammam Meskoutine (95 kil.), eaux thermales (cascades pétrifiées, grottes du Dj. Taya, nécropole celtique de Roknia); — Medjez Amar (101 kil.); — Guelma (114 kil.), dans une plaine; — Millesimo (118 kil.), cultures et jardins; — Petit (123 kil.); — Nador (135 kil.), près des mines de zinc de Hammam N'baïls; — Duvivier (148 kil.), fermes, vignes; — Oued Frara (155 kil.), fermes, oliviers; — St-Joseph (162 kil.), fermes et vignes; — Barral (173 kil.), près de la forêt des Beni-Salah; — Mondovi (179 kil.), fermes; — Oued Sba (184 kil.), dans une admirable plaine; — Duzerville (192 kil.), vignobles très étendus; — Allélick (197 kil.), exploitations agricoles, vignobles; — Bône (203 kil.).

La ligne ferrée de Constantine à Aïn Beïda, par Ouled Ramoun, passe à : Sila (à 7 kil. d'Ouled Ramoun); — Sigus (12 kil.); — Taxas (21 kil.); — Aïn Fakroun (33 kil.), fermes; — Ourkis (49 kil.); — Canrobert (66 kil.), dans les plaines du Tarf; — Bir Rouga (80 kil.); — Aïn Beïda (93 kil.), en terres haracta, fermes.

La ligne ferrée de Bône à Tunis, qui se détache de la ligne Bône-Guelma-Constantine à Duvivier, passe en territoire algérien à : Medjez Sfa (65 kil. de Bône); — Aïn Tahamimine (74 kil.); — Aïn-Afra (79 kil.), dans les forêts de chênes-liège; — Laverdure (91 kil.); — Aïn Seynour (97 kil.), toujours en forêt; — Souk Ahras (107 kil.), grains, vignes, bestiaux, produits forestiers; — Tarja (116 kil.); — Sidi Bader (124 kil.); — Oued Mougras (140 kil.).

De Souk Ahras se détache la ligne de Tébessa, qui passe à : Oued Chouk (14 kil. de Souk Ahras), vergers; — Dréa (28 kil.); — M'daourouch (36 kil.), point culminant de la ligne (858 m. d'alt.); — Oued Damous (48 kil.); — Clairfontaine (68 kil.), dépôt d'halfa; — Morsott (96 kil.), dépôt d'halfa; — Boulhaf le Dyr (112 kil.); — Tébessa (128 kil.), l'ancienne Théveste, chef-lieu de cercle, jardins, fermes, moulins, forêts.

Une voie ferrée de 34 kil. relie Bône aux mines de Mokta el Hadid, par les Karézas (11 kil.), minerais de fer, vignes, oliviers; — Oued Zied (19 kil.), près de la mine de fer Nicolas, et du marais de Fetzara; — Aïn Dalia (26 kil.); — Aïn Mokra (33 kil.), à 1 k. des mines de fer oxydulé magnétique de Mokta el Hadid.

Quatre routes nationales dans ce Départ. : 1° route d'Alger à Constantine; — 2° route de Stora à Biskra (328 kil.), par Philippeville, Constantine, Batna, El Kantara, point au delà duquel il n'existe qu'une simple piste; 3° route de Bougie à Sétif (111 kil.) par l'Oued Marsa (vignes, oliviers, mines de cuivre), le littoral boisé de la mer, l'Oued Agrioun, Kerrata (à l'entrée des Gorges du Châbret el Akra), les forêts de chêne, Takitount (non loin du Babor (2.008 m.), Amoucha, Fermatou (riches cultures); — 4° route des Ouled Ramoun à Tébessa (175 kil.), par Aïn Beïda, Meskiana (fourrages et halfa).

De Biskra à Ouargla, par l'Oued R'ir et Touggourt, la distance est de 366 kil.; la route est carrossable jusqu'à Touggourt; l'Oued R'ir ou Ghir compte près de 50 oasis et plus de 250.000 palmiers en plein rapport; principales oasis : El Ourir, Mraïer, Mazer, Ourlana, Sidi Amran, Ramra ou Chamra, Touggourt (chef-lieu de cercle), à 51 m. d'alt. (170.000 palmiers, jardins, céréales), Temacin; à 150 kil. plus au S. Fort-Lallemand, construit en 1894.

VOIES ET MOYENS DE COMMUNICATION.

Routes. — L'Algérie possède 2983 kilomètres de routes nationales (dont 544 kilomètres de piste ou de lacune), reliant Alger à Laghouat (route n° 1, la plus longue, se développant sur 449 k.) à Oran (n° 4), à Constantine (n° 5), à Bou-Saâda (n° 8), reliant Mers el Kebir à Tlemcen (n° 2), Oran à Géryville (n° 6), Relizane au Maroc (n° 7), Bougie à Sétif (n° 9), Stora à Biskra (n° 3), les Ouled-Ramoun à Tébessa (n° 10). Le réseau de l'État comprend en outre 584 k. de chemins non classés; le réseau départemental atteint 524 k., le réseau communal 26.588 k. de chemins divers.

Chemins de fer. — L'Algérie possède un réseau de voies ferrées de 2927 kilomètres de chemins de fer, avec 135 kilomètres de tramway : six Compagnies ont construit ces chemins de fer.

Câbles. — L'Algérie est reliée à la France par 6 câbles, dont 3 entre Marseille et Alger, 1 entre Marseille et Oran; les 2 autres joignant Marseille à Bône appartiennent à une compagnie anglaise (l'Eastern Telegraph Company) et se prolongent de Bône sur Malte et Alexandrie. Tarif : 0 fr. 05 cent. par mot (depuis avril 1897).

Télégraphes. — La longueur des lignes télégraphiques aériennes, construites à l'intérieur de l'Algérie, atteint 9.032 kil.; il existe en outre dans la colonie 12 kil. de lignes souterraines. L'artère télégraphique du Tell est reliée par 4 lignes de pénétration au réseau de l'Extrême Sud. — Tarif, 0 fr. 05 cent. par mot.

Relations maritimes. — Malgré leur étendue les côtes offrent peu de rades abritées, peu de ports naturels (tels Bougie et Arzeu); elles passaient dès l'époque romaine pour inhospitalières. De grands travaux ont été entrepris à Alger, à Philippeville, à Oran, à Bône, pour rendre ces points d'un accès plus facile et plus sûr. Au total on compte 20 ports sur la côte algérienne : Nemours, Beni Saf, Mers el Kebir, Oran, Arzeu, Mostaganem, Ténès, Cherchel, Tipaza, Alger, Dellys, Port-Gueydon, Bougie, Djidjelli, Collo, Stora, Philippeville, Herbillon, Bône, La Calle; sur certains emplacements, ont été établis de simples embarcadères (Dupleix, Gouraya, Tigzirt).

Des services réguliers de communications maritimes entre la France et l'Algérie ont été organisés par diverses compagnies de navigation à vapeur, notamment par la Compagnie générale Transatlantique, la Compagnie de Navigation mixte, la Société Générale de Transports maritimes à vapeur.

COLONISATION

Le régime des terres résulte des arrêtés pris de 1830 à 1844, des ordonnances de 1844 à 1846, de la loi du 16 juin 1851, des décrets de mai 1863 et septembre 1887, des lois de juillet 1873 et avril 1887, de la loi du 16 février 1897.

Sur les 14 millions d'hectares, qui constituent le Tell, — partie colonisable, — 4.000.000 d'hectares ont été francisés et sont régis par la loi française, 10.000.000 d'hectares demeurent soumis à la loi musulmane, comme le sont en outre les territoires des Hauts-Plateaux et du Sahara, à l'exception de quelques rares périmètres acquis par les Européens dans ces contrées, ou constituant des centres.

De 1877 à 1898, les indigènes musulmans ont vendu aux Européens 563.000 hect. d'immeubles ruraux d'une valeur de 56 millions; les Européens ont vendu aux indigènes 131.000 hectares, valant 20 millions.

Chaque année, l'État met en vente, par voie d'adjudication publique, des terres d'origine domaniale et des concessions de terres sont accordées gratuitement aux Français et aux Européens naturalisés.

La superficie des territoires livrés à la colonisation, de 1871 à fin 1896, est de 642.331 hectares; 16.233 lots ont été formés et sur ce nombre 2726 ont été vendus, 13.480 ont été concédés; 44.329 personnes ont été installées sur ces lots.

Le régime actuel des concessions a été fixé par le décret du 30 septembre 1878 : un tiers des terres de colonisation disponibles est réservé aux familles des colons déjà établis en Algérie; le reste est destiné aux immigrants.

Ces dernières concessions sont attribuées de préférence aux chefs d'une nombreuse famille, cultivateurs de profession, possédant des ressources suffisantes pour mettre en valeur leurs terres, et vivre en attendant la récolte. Les concessions se divisent en trois catégories : 1° lots ordinaires, dits de village, d'une superficie de 25 à 40 hectares; 2° lots industriels, variant entre 2 et 4 hectares et destinés plus spécialement aux colons exerçant une profession nécessaire à la vie d'un village; 3° lots de ferme, d'une superficie de 60 à 100 hectares, qui ne sont concédés que jusqu'à concurrence de 40 hectares : le surplus est d'abord loué de gré à gré et à prix réduit au concessionnaire, pour lui être ensuite vendu, également à prix réduit, lors de la délivrance du titre.

Les demandeurs doivent justifier, ceux d'un lot de ferme ou d'un lot de village, d'un capital minimum de 5000 fr., et ceux d'un lot industriel de quelques ressources pécuniaires; ils ont en outre à fournir un extrait de leur casier judiciaire et un avertissement du service des contributions directes indiquant les impôts, auxquels ils sont assujettis. Les demandeurs doivent s'engager à transporter leur domicile et à résider sur la terre concédée avec leur famille, d'une manière effective et permanente, pendant les 5 années qui suivront la concession; ils doivent en outre déclarer qu'ils ne sont et n'ont été ni locataires, ni concessionnaires, ni adjudicataires de terres domaniales.

Des terres domaniales peuvent être mises à la disposition temporaire des Sociétés ou des particuliers, qui prendraient l'engagement : 1° de peupler un ou plusieurs villages en assurant l'installation particulière des familles destinées à former le peuplement; 2° de transmettre gratuitement ces terres à ces familles dans le délai de deux ans, sans que ces sociétés ou particuliers puissent jamais devenir propriétaires des terres qui leur ont été remises à charge de transmission.

Les familles, qui, réunissant les meilleures conditions, obtiennent des lots de village, des lots industriels ou des lots de ferme, en sont avisées par le préfet du département où est située la concession; elles reçoivent un acte provisoire de concession, qui leur donne droit : en chemin de fer, au transport à demi-tarif, en 3° classe, pour le concessionnaire, les membres de sa famille et les personnes à son service indiquées sur le titre, et au transport gratuit de 100 kilogr. de bagages par personne sur les paquebots de la Comp. Transatlantique partant de Port-Vendres ou de Marseille; au transport gratuit, en 3° classe, des personnes indiquées sur le titre, et au transport gratuit de 80 kilogr. de bagages par personne; réduction de 50 °/₀ sur le prix des tarifs administratifs pour le transport du matériel agricole et du cheptel, à la condition que le nombre des animaux ne soit pas supérieur à trois, quelle qu'en soit la race. Les mêmes avantages sont accordés aux acquéreurs de terres domaniales. Le bénéficiaire venu seul, en Algérie, pour prendre possession de sa concession, reçoit un passage de 4° classe pour retourner en France chercher sa famille. La durée du service militaire est réduite à un an pour les jeunes gens qui l'effectuent en Algérie.

En 1899, 229 lots représentant 12.948 hectares ont été mis au service de l'immigration officielle : 3 centres ont été agrandis et 5 ont été créés (Levacher, Davout, Lapaine, Gounod, La Barbinais, ces 4 derniers dans le Départ. de Constantine).

Le programme de colonisation de 1900-1901 comporte le peuplement dans le Départ. d'Alger des centres créés de Fromentin, Levacher, Timezeratine, Sidi Ali, Champlain, Aïn Lechiakh (propres aux céréales, à la vigne, à l'élevage); — dans le Départ. d'Oran, la création des centres de Bedeau (céréales, vignes, bétail, halfa), de Géryville (lots industriels), de Dombasle, de Boulin, de Tirman, de Rochambeau, Sidi el Adjel, avec l'agrandissement de Deligny, Pont de l'Isser, Sidi Youssef, Sidi Lhassen, Bosquet; — dans le Départ. de Constantine, la création des centres de Bernelle, Mérouana, Canrobert, Lavoisier, Agadie, Cavallo (lots industriels), M'daourouch (lots industriels), avec agrandissement de Ampère et Ras el Akba; il a été constitué dans ces 27 centres 737 concessions agricoles, 96 lots de ferme et 181 lots industriels.

Le nombre des immigrants, de toutes catégories, est environ de 5000 par an.

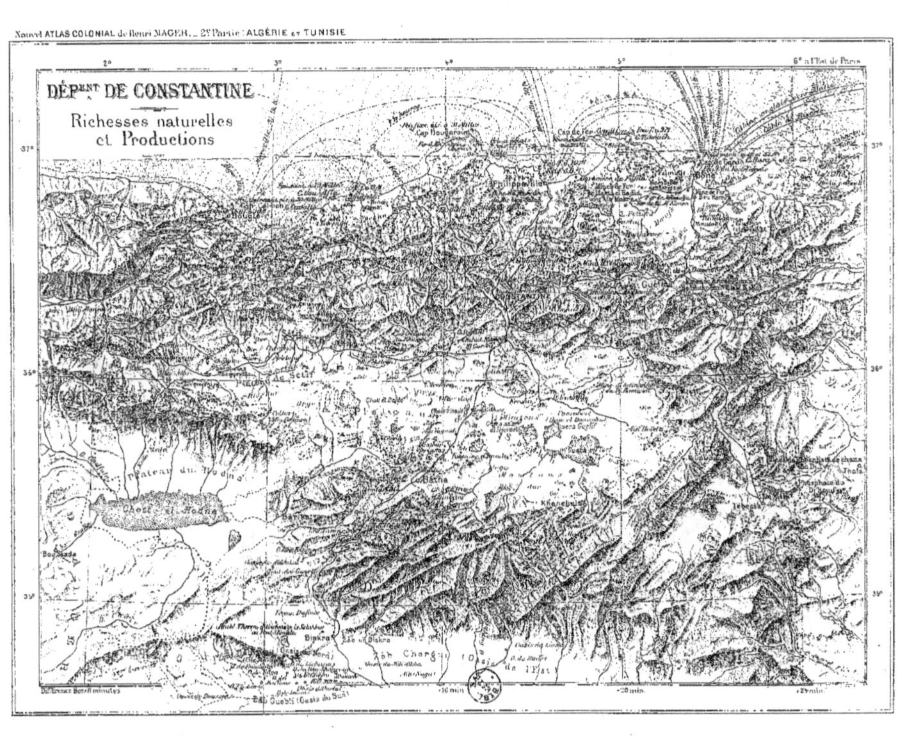

DÉPᵗ DE CONSTANTINE
Richesses naturelles
et Productions

TUNISIE

Productions et Richesses naturelles
à l'Echelle du 1 : 2.000.000°

TUNISIE

LE PAYS — SON HISTOIRE

La Tunisie occupe l'extrémité nord-est de la partie montagneuse de l'Afrique du Nord.

Ses limites n'ont été fixées par aucun acte diplomatique : du côté de l'Algérie le tracé de la frontière se détache du Cap Roux et court au sud sans s'inquiéter de suivre de grandes lignes naturelles, coupant les montagnes et traversant les rivières un peu au hasard : du côté de la Tripolitaine, la frontière, partant du Ras Adjedir, suit d'abord la ligne des Sebkha, puis s'infléchit au sud-ouest pour se diriger vers la région de Ghadâmès. La Tunisie a une superficie qui a été évaluée très approximativement au quart de la surface de la France, soit à 130 000 kilom. carrés.

Le sol. — Les deux soulèvements, qui caractérisent le relief du sol algérien, et qui se sont rapprochés dans la Province de Constantine, à l'ouest du Plateau des Shâkh, se continuent à travers la Tunisie.

Le plus septentrional, qui prolonge les Djebel du Tell (ou Petit-Atlas) constitue au nord de la Medjerda, les monts de Khroumirie, qui rappellent la Grande-Kabylie, et que continuent jusqu'au Cap Blanc les hauteurs des Mogod. Au sud de la Medjerda se prolonge le Djebel Saharien de l'Aurès (Grand-Atlas); cette formation est constituée de hauteurs isolées en forme de plateaux ou de tables, tel le Plateau du Kef sur le versant septentrional, et sur le versant méridional les Hamâda, plateaux pierreux, comme le Hamâda Dahara, le Hamâda de Kessera, énorme dalle de 25 kilomètres carrés; l'ensemble de ces massifs porte le nom de Plateaux de Tunisie. Ces hauteurs, formant chaîne au nord-est des Hamâda, s'étendent jusqu'au Cap Bon par le Djebel Djoukar (1171 m.), dont les eaux, déjà du temps des Romains, étaient amenées à Tunis et à Carthage par un aqueduc gigantesque, et le Djebel Zaghouan (1295 et 1340 m.)

Le long du littoral, du Golfe de Hammamet à celui de Gabès, s'étend au pied des plaines, marqué par une ligne de sebkha, une zone, large en moyenne de 40 kil., de terres bien arrosées et fertiles : c'est la région du Sahel.

Au sud des Plateaux du centre, les massifs montagneux sont de moindre hauteur, et séparés les uns des autres par de larges vallées.

Dans l'extrême sud, les Monts des Troglodites, avec le Plateau des Matmata, sont isolés entre la plaine maritime et la plaine désertique.

Au point de vue des régions naturelles, la Tunisie se divise en : Sahel, région la plus fertile, où s'élèvent quelques villes importantes (Hammamet, Sousse, Monastir, Méhdia, Sfax, Gabès); Tell, partie montagneuse, colonisable, ressemblant assez au Tell algérien, avec les vallées de la Medjerda, de l'Oued Mellègue, de l'Oued Siliana; Steppes au centre, terres de pâture pour les moutons et les chameaux; Sahara, appelé Djerid par les Arabes, comprenant la région des Chott, les dunes de sable et les oasis de palmiers.

Les eaux. — Sur la côte du nord, haute et boisée près du Cap Nègre, débouche l'O. Zouara, qui arrose le territoire des Nefza; au delà du Cap Blanc, canal de déversement du Lac de Bizerte; ce lac, dont l'eau est salée, magnifique bassin intérieur en forme de cornue, très poissonneux, a 13 000 hectares de surface, des profondeurs de 15 mètres; il est accessible aux plus grands navires, il communique par l'O. Tindja, avec le lac d'Ech-Kheul, moins profond, recevant les eaux de l'O. Sedjenan et de l'O. Tin.

La Medjerda, le Bagradas des Anciens, le seul grand fleuve de Tunisie, quoique non navigable, pénètre en Tunisie un amont de Ghardimaou, suit les plaines connues sous le nom de Daklat, les plus fertiles de la Tunisie, draine les eaux de presque toutes les zones tunisiennes à pluies constantes, traverse d'étroites gorges entre Pont de Trajan et l'Oued Zargua, débouche dans une grande plaine marécageuse, et entre dans la lagune sans profondeur de Porto-Farina après un cours de 365 kil., dont 265 en Tunisie; n'a que de faibles affluents à gauche; à droite reçoit : l'O. Mellègue, plus long que le cours supérieur du fleuve principal (cours de 170 kil., dont 100 en Tunisie), grossi de l'O. Sarrat, qui ne tarit jamais, l'O. Tessa (120 kil.), l'O. Khalled, l'O. Siliana.

Dans la rade de la Goulette se jette l'O. Miliane, qui naît dans les monts de Zaghouan et passe aux environs de Tunis, non loin de la Sebkhet es Sedjoumi, lagune salée presque à sec pendant l'été, qui ne communique pas avec la mer; son embouchure est située au sud du Lac de Tunis ou Bahira.

Les cours d'eau, qui des plateaux courent vers l'est, forment à l'entrée des plaines une série de Chott ou Sebkha; la Sebkha Kelbia, toujours remplie d'eau, formée par l'O. Zéroud (appelé dans son cours supérieur O. Djilma, O. Fecca, O. Foucana, O. El Habib), que grossit l'O. Merguellil; la Sebkha Sidi el Hani ou Lac de Kairouan, la plus vaste des lagunes orientales, qui ne possède un peu d'eau en été que dans les années pluvieuses; la Sebkhet en Nouaïl, emplie d'eau ou de poussière.

La région des Chott comprend une série de dépressions occupées par : le Chott el Djerid (appelé Chott el Fedjedj dans sa partie orientale), d'un niveau supérieur à celui de la Méditerranée, dont il est séparé par un seuil de 45 mètres d'altitude; ce Chott n'a guère d'eau permanente que dans sa partie centrale; son sol est d'ordinaire recouvert d'une couche saline, que traversent plusieurs routes de caravanes : la nappe liquide ne se voit pas; — le Chott el Gharsa, comme les Chott Melghir et Mérouan, est inférieur au niveau de la mer.

Climat. — Quatre régions climatologiques : 1° Région du littoral ou maritime (Bizerte, Tunis, Sousse, Sfax, Gabès); l'hiver y commence avec les pluies, fin octobre; janvier et février sont les mois les plus frais (moy. 10° à 12°); mars, avril, mai ont des températures moyennes (16°), et de rares pluies; les chaleurs de l'été commencent en juin (22° et 23°) et augmentent jusqu'à fin août (25° à 27°); elles sont tempérées lorsque soufflent les vents du N.-E. et du N.; le vent du S. ou sirocco est toujours pénible; il peut faire monter accidentellement le thermomètre à 48°; — 2° Région des Bas-Plateaux ou du Tell (Souk el Arba, Zaghouan, Kairouan), plus éloignée de la mer, connaît les froids hivernaux; températures moyennes janvier 9° à 10°, août 28° à 30°; — 3° Région des Hauts-Plateaux (Aïn Draham, Le Kef, Souk el Djomsa, avec rigueurs d'hiver et d'été; au Kef, il a été enregistré - 5° en hiver et + 44° en été; températures moyennes janvier 4° à 7°, août 23° à 27°; — 4° Région Saharienne ou des Oasis (Touzer, Douz, Médénine), climat désertique, caractérisé par l'amplitude de ses variations; à Gafsa on a constaté en 1889 une température d'été de + 48° et une gelée d'hiver en 1890 de - 4°; températures moyennes : janvier 8° à 10°, août 30° à 32°.

Le nord de la Tunisie est favorisé sous le rapport des pluies : nulle saison n'est privée d'averses.

Histoire. — L'histoire de la Tunisie peut se diviser en 7 périodes : 1° Période carthaginoise, de la fondation de Carthage (vers 883 avant l'Ère chrét.) à la troisième Guerre punique et à la destruction de Carthage (en 146 av.); — 2° Période romaine, s'étendant de 146 av. à 435 ap.; — 3° Période vandale de 435 (Traité entre les Vandales et l'Empereur d'Occident) à 534 (Victoire de l'armée byzantine de l'Empereur d'Orient sur les Vandales); — 4° Période byzantine, de l'an 534 aux premières incursions arabes; — 5° Période arabo-berbère, marquée par la fondation de Kairouan (669 ap.), par les conquêtes de Sidi Okba ben Nafê, par la révolte Kharedjite, aboutissant à l'indépendance de l'Ifrikia (800) sous l'administration de l'Arabe berbérisé Ibrahim ben Aghleb, fondateur de la dynastie des Aghlebites, par les succès des Fatemides, qui, après 909, renversent tout à la fois la puissance des Aghlebites de Kairouan et des Edrisites du Magreb, par l'invasion des Beni Hilal et des Beni Soléim du Hedjaz; par les victoires des Almohâdes sur les Almoravides du Magreb et les Normands de Sicile établis dans le Sahel; par la constitution, près des royaumes de Fez et de Tlemcen, d'un royaume hafside, s'étendant d'Alger à Tunis; — 6° Période turque : Kheïr ed Din s'empare de Tunis, et après la chute définitive de la domination espagnole, la Tunisie devient un pachalik, relevant en principe du beylarbeg d'Alger, mais dépendant en réalité du Sultan de Constantinople; — 7° Période husseinite : en 1705, l'agha des janissaires, Hussein ben Ali lutte victorieusement contre le dey d'Alger et avec lui commence la dynastie qui règne encore aujourd'hui; ses successeurs furent : Ali-Pacha (1740-1756), — Mohammed-Bey (1756-1759), — Ali-Bey (1759-1782), — Hamouda-Bey (1782-1814), — Othman-Bey (1814), — Mahmoud-Bey (1813-1824), — Hussein-Bey (1824-1835), — Moustafa-Bey (1835-1837), — Ahmed-Bey (1837-1855), — Mohammed-Bey (1855-1859), — Mohammed es Saddok-Bey (1859-1882); — le 31 mars 1881, les troupes françaises franchirent la frontière pour châtier les tribus Khroumir et fortifier le gouvernement tunisien; un traité fut signé le 12 mai 1881, au Palais de Ksar Saïd, derrière le Bardo : le gouvernement tunisien acceptait le Protectorat de la France : la Convention du 8 juin 1883 (Traité de la Marsa) a complété le Traité de 1881.

POPULATION — ORGANISATION — COMMUNICATIONS

Populations. — On évalue généralement à 1 800 000 habitants, le chiffre de la population, dont 1 700 000 indigènes (Berbères, Arabes, Coulougli).

Le mélange des Berbères et des Arabes a constitué une population mixte; cependant le type berbère prédomine largement dans les montagnes du nord-ouest, du centre, du sud.

Jadis, à l'époque romaine, la Province proconsulaire et le Byzacium nourrissaient, dit-on, 12 millions d'habitants : aujourd'hui, les plaines les plus fertiles (celles de la Medjerda, de l'O. Siliana) sont dépeuplées, et n'abritent même pas 100 000 habitants, ce qui, il est vrai, rendra plus aisée l'œuvre de colonisation.

Le gouvernement. — La Tunisie est gouvernée par le Bey : tous les actes du gouvernement sont faits en son nom et sous son autorité; la succession au trône a été garantie à la famille de Husseïn par le Traité de 1881; le pouvoir beylical doit se transmettre d'aîné en aîné dans la famille.

Le budget annuel des recettes et des dépenses est arrêté par le Conseil des Ministres.

Le Conseil, sous la présidence du Résident-général, est composé de deux Ministres indigènes (le premier Ministre et le Ministre de la plume), du général commandant la division d'occupation, du Secrétaire-général du gouvernement tunisien et des Directeurs des Finances, des Travaux publics, de l'Agriculture, de l'Office postal et de l'Instruction publique.

Le Résident-général, qui jusqu'en 1885 était désigné sous le titre de Ministre-résident, est le dépositaire des pouvoirs du Gouvernement de la République; il relève du Ministre des Affaires étrangères de France.

Les fonctions de Ministre-résident et de Résident-général ont été successivement occupées par MM. P. Cambon (1882-1886), Massicault (1886-1892), Rouvier (1892-1894), Millet (1894).

Divisions administratives. — Au point de vue administratif, la Tunisie se divise en 13 Contrôles, avec 7 annexes : Tunis (annexe Zaghouan), — Grombalia, — Bizerte, — Béja (ann. Medjez el Bab), — Souk el Arbâ (ann. Tabarka), — Le Kef (ann. Teboursouk), — Maktar, — Thala (ann. Kasserine), — Kairouan, — Sousse (ann. Méhdia), — Sfax, — Gafsa (ann. Touzer), — Gabès (ann. Djerba).

L'administration directe appartient dans les 13 Contrôles à des Kaïds ou gouverneurs, assistés de Lieutenants ou Khalifat et de collecteurs d'impôt, les Chéïk.

Treize Contrôleurs français, assistés de contrôleurs suppléants, surveillent les kaïd et leurs auxiliaires et s'assurent de l'application des lois beylicales. A l'égard des Français et des protégés français, le contrôleur remplit les fonctions de vice-consul, c'est-à-dire d'officier de l'état civil, de notaire.

Dans l'extrême-sud, les fonctions des contrôleurs sont confiées à l'administration militaire.

Sept Communes ont été constituées (Tunis, Bizerte, Sfax, Sousse, La Goulette, Le Kef, Méhdia); sept autres villes sont pourvues d'une Commission municipale (Gabès, Monastir, Kairouan, Béja, Nabeul, Houmt Souk, Souk el Arbâ).

Organisation judiciaire. — La justice est rendue simultanément par des tribunaux français et des tribunaux indigènes.

Les tribunaux français se composent de 14 justices de paix (Juges de paix à Tunis, Bizerte, Le Kef, Souk el Arbâ, Grombalia, Sousse, Sfax, Gabès, Kairouan, contrôleurs exerçant les fonctions de juge de paix à Aïn Draham, Maktar, Djerba, Touzer, Gafsa) et de 2 tribunaux de 1re instance (celui de Tunis, créé en 1883 et celui de Sousse, créé en 1887); les appels sont portés devant la Cour d'Alger; les assises sont tenues quatre fois par an à Tunis et à Sousse par un tribunal criminel. Depuis 1885, un tribunal mixte est chargé de l'immatriculation des propriétés foncières.

La justice indigène comprend plusieurs classes de tribunaux : les kadi, les kaïd, le férik à Tunis, le châra (tribunal religieux), la section civile et la section pénale de l'Ouzara.

Organisation militaire. — La division d'occupation a pour chef-lieu Tunis; elle comprend quatre commandements territoriaux: Tunis, Sousse, Bizerte, Gabès. Un contingent indigène de 3000 soldats est recruté par la voie du tirage au sort : le service est de 2 ans dans le 4e tirailleurs, le 4e spahi et la garde beylicale.

Organisation universitaire. — Sous l'impulsion de la direction de l'enseignement public, fonctionnent plus de 100 établissements scolaires français.

Les établissements les plus importants sont : le Lycée Carnot, de Tunis, qui remplace le Collège Saint-Louis de Carthage, racheté par l'État, l'École secondaire de jeunes filles, le Collège Sadiki, fondé en 1876, exclusivement destiné aux jeunes Musulmans, le Collège Alaoui, fondé en 1884, école normale d'instituteurs français et indigènes.

Routes. — Les principales routes empierrées joignent Tunis à Sfax (270 kil.), à Grombalia (35 kil.), Zaghouan (55 kil.), au Fahs (40 kil.), à Bizerte (65 kil.), au Kef (175 kil.), et le Kef à Tabarka (115 kil.). Un autre réseau rayonnant autour de Sousse, joint Sousse à Kairouan (47 kil.), à Moknin (17 kil.), à Méhdia (70 kil.).

De nombreuses pistes sont praticables pour les araba (véhicules à deux roues), et pour les chameaux, notamment les pistes de Gabès à Gafsa, de Gabès à Médénine et Zarzis.

Des services de diligences mettent en relation : Tunis à Bizerte, Souk el Arbâ à Tabarka et au Kef, Medjez el Bab à Teboursouk, Sousse à Sfax, Sfax à Gabès.

Chemins de fer. — La Tunisie possède 930 kil. de chemins de fer.

Les voies ferrées de la Régence peuvent se diviser en trois groupes : 1° Réseau garanti par le Gouvernement français, comprenant la ligne à voie normale de Tunis à la frontière algérienne (194 kil.), avec embranchement du Pont du Trajan à Béja (14 kil.), et la ligne de Tunis à Hammam el Lif (17 kil.); — 2° Réseau ne jouissant d'aucune garantie d'intérêt, comprenant : la ligne à voie normale de Djédeïda à Bizerte (73 kil.), la ligne à voie de un mètre de Tunis à Zaghouan (62 kil.), par Smindja et de Smindja au Pont du Fahs (15 kil.), de Tunis à Sousse (150 kil.), avec embranchement sur Menzel bou Zalfa (14 kil.) et de Bir bou Rekba sur Nabeul (17 kil.), de Sousse à Kairouan (51 kil.), par Kalaa Srira, de Sousse à Moknin (47 kil.), de Sfax à Gafsa (205 kil.) et à Mellaoui; — 3° Ancien Réseau italien, à voie large (racheté par la France en 1898) : il ne comprend que 34 kil., reliant Tunis au Bardo, Tunis à la Goulette (17 kil.), avec embranchement sur la Marsa (7 kil, 5), c'est-à-dire Tunis à sa banlieue.

Câbles. — Depuis 1893, un câble relie directement Tunis à Marseille.

Télégraphes. — La longueur des lignes télégraphiques dépasse 3140 kil. : 114 localités sont desservies par le télégraphe. — Tarif 0 fr. 05 par mot.

Des réseaux téléphoniques urbains ont été créés à Tunis, La Goulette, La Marsa, Sousse, Kairouan, Bizerte, Ferryville, Créteville, Méhdia, Sfax, Grombalia, Hammam el Lif; un réseau inter-urbain, d'un développement de plus de 1400 kil., dessert ces localités et les relie à Monastir, Moknin, Sidi bou Saïd, Le Kef, Souk el Arbâ.

Postes. — L'Office postal tunisien a été érigé en service autonome en 1888; son réseau comporte 78 recettes (dont 27 gérées par des receveurs titulaires), 219 distributions dispersées sur tout le territoire et dans les localités les plus reculées; elles sont confiées à des chefs de gare, des agents de l'État, des colons ou aux autorités locales indigènes.

Depuis 1892, l'Office postal s'est chargé du service des colis postaux : le nombre des centres admis au trafic des colis est de 85 : les prix entre la Tunisie et la France sont pour les colis livrables poste restante, de 1 fr. 10 de 0 à 3 kilog., de 1 fr. 30 pour les colis de 3 à 5 kilog., de 2 fr. 30 pour les colis de 5 à 10 kilog., 0 fr. 25 en plus pour les livraisons à domicile.

Relations maritimes. — De grands travaux ont été faits dans les ports de Tunis, Bizerte, Sousse et Sfax; sont ou seront améliorés les ports de Tabarka, Hammamet, Gabès, Zarzis.

Des services réguliers entre la Tunisie et la France ont été organisés par plusieurs compagnies de navigation.

La Compagnie générale Transatlantique relie Marseille à Bizerte, Tunis et Sfax, avec retour sur Sousse, Tunis et Malte; comme Marseille à Tunis et Malte, avec retour sur Tunis et Marseille. — Prix des passages de Marseille à Tunis : 1re cl. 100 fr.; 2e cl. 70 fr.; 3e cl. 30 fr.; 4e cl. 18 fr.

La Compagnie de Navigation mixte dessert Marseille, Tunis, Sousse, Monastir, Méhdia, Sfax, Gabès, Djerba, Tripoli (et retour). — Prix des passages de Marseille à Tunis : 1re cl. 70 fr.; 2e cl. 50 fr.; 3e cl. 24 fr., Pont 12 fr.

La Compagnie italienne, Navigazione generale Italiana, relie à l'Italie, à la Sardaigne, à la Sicile, à la Tripolitaine, Bizerte, Tunis, Sousse, Monastir, Méhdia, Sfax, Gabès.

Un service d'Alger à Tunis, par la Compagnie générale Transatlantique, dessert chaque semaine La Calle, Tabarka, Bizerte et Tunis

PRODUCTIONS — COMMERCE

Productions végétales. — La culture des céréales, qui faisait la fortune de la Tunisie à l'époque romaine, occupe encore dans le pays une place importante : 775.000 hectares leur sont consacrés, dont partie pour le blé dur (370.000 hectares en 1899), seule variété connue en Afrique avant la conquête d'Alger, partie pour l'orge (405.000 hectares en 1899), qui craint moins la sécheresse, mûrit plus vite et rend plus que le blé.

Le maïs n'occupe que 10.000 hectares; le blé tendre et l'avoine un ou deux milliers d'hectares.

Le Zeugis et le Byzacium étaient aux temps anciens le cellier en même temps que le grenier de Rome; les vignes ne s'étendaient guère cependant, à l'époque de l'intervention française, que sur 1700 hectares; en 1885, il existait déjà en Tunisie 440 hectares de vignes françaises; en 1899, 8000 hectares dans la région septentrionale (Tunis, Vallée de la Medjerda, Cap Bon) et dans le Sahel, le tout donnant 220.000 hectolitres d'un vin de bonne qualité, supportant le voyage et se conservant facilement; la viticulture semble la culture la plus rémunératrice de la Régence.

Avec la vigne, les oliviers étaient largement cultivés sous l'administration romaine; ils couvraient un tiers de la Tunisie dans l'espace compris entre Sousse et Tébessa au nord, Maharès et Gafsa au sud; cette culture demeure importante : on évalue à 11.200.000 le nombre des oliviers; dans le Contrôle de Sfax, l'olivier tend à devenir la culture exclusive dans les terres provenant du domaine de Siala, terres mises en vente à 10 francs l'hectare. Ces 11.200.000 oliviers donnent, année moyenne, 26 millions de litres d'huile; ils ont rendu en 1898-1899, année particulièrement bonne, 45 millions de litres d'une huile qui, bien traitée par les procédés européens, vaudra l'huile de Bari.

Le palmier vient immédiatement après l'olivier par son importance économique. On estime à 2.000.000 le nombre des palmiers des parties irriguées des déserts du sud, (Tozeur, Nefta, El Hamma et El Oudian); — la variété de dattes la plus réputée est la Deglat en Nour du Djerid, qui y a été importée de l'Oued R'rir.

Autres arbres fruitiers de la Régence : le caroubier, l'oranger (25.000 aux alentours de Tunis), le citronnier (30.000 à Hammamet), le cédratier (27.000 à Djerba), le figuier, très commun, l'amandier (cultivé à Sfax), le pistachier (entre Kairouan et Kasserine), le pommier (à Testour), le cerisier et le prunier (à Zaghouan), le pêcher (dans le Bargou), le néflier, le bananier.

Aux environs de Porto-Farina se pratique la culture du pavot à opium; le coton est cultivé à Menzel Djemil et à Menzel Abd er Rahman.

Parmi les plantes textiles, il faut citer l'halfa, qui croît spontanément dans les terrains arides et pierreux des Hauts-Plateaux, notamment entre Feriana et Kasserine, entre Kasserine et Sbeitla, entre Sbeitla et Thala.

Trois Chambres consultatives d'agriculture ou d'agriculture et de commerce ont été instituées depuis 1892.

En vue de fournir aux colons des indications sur les diverses branches de l'agriculture, la Direction de l'Agriculture a créé un ensemble d'établissements de recherches (Fermes d'expériences, Station agronomique, Huilerie d'essai, Station viticole, Jardin d'essai); une Ecole d'agriculture a été créée à Tunis en 1898.

Les forêts de la Tunisie couvrent une superficie d'environ 500.000 hectares. Elles se divisent en deux groupes distincts, que sépare la Medjerda : celui du nord d'une part, celui de l'ouest et du centre d'une autre.

Dans le groupe du nord (massif de la Kroumirie) le peuplement des forêts se compose de chênes-liège et de chênes-zéen. Le second groupe comprend une zone constituée par les boisements de l'Oued Mellègue, la forêt de Nebeur, les massifs de Haïdra, les forêts de Feriana et de Thala, les massifs de Maktar et le boisement montueux de la Kessera. Les principales essences de ce groupe sont le pin d'Alep, qui donne du goudron et sert au tannage des peaux, les chênes verts, l'olivier sauvage, le caroubier, le thuya, le génevrier de Phénicie.

Productions animales. — Les indigènes élèvent surtout des moutons à grosse queue, de race syrienne (près de 1.200.000); la race algérienne à queue fine, du vieux type berbère, dont la viande est de bonne qualité, commence à faire son apparition. — Les chèvres sont 700.000. Les porcs sont de race napolitaine : leur nombre est évalué à 13.000.

Les bœufs sont 275.000, de provenances diverses, parmi lesquelles domine cependant la race brune de l'Atlas (variété de Guelma).

Les chevaux de la Tunisie, comme ceux de l'Algérie, sont de race barbe ou berbère; ils sont 62.000; un studbook de la race barbe et des primes d'encouragement à l'élevage du cheval ont été constitués. Le nombre des ânes et des mulets commence à atteindre le chiffre de 120.000. Dans le centre et le sud, vivent 130.000 chameaux (à une bosse) de la race de bât.

Dans la région de Tabarka se pêchent les sardines et les anchois, de mai à fin août; en 1890, il a été pêché pour 320.000 fr. en sardines, pour 800.000 fr. en anchois. Sur les fonds rocheux de la Galite se pêchent les crustacés; dans le Lac de Bizerte la dorade et le mulet. Le thon se prend en mai et juin dans les pêcheries fixes (Madragues) de Sidi Daoud (où il a été capturé en 1877, année de forte pêche, 15.000 scombres) et de Mouastir; l'allache à Mehdia (pour 50.000 fr. en 1894). Les éponges se recueillent dans les eaux paisibles du Golfe de Gabès (valeur de la pêche 1.300.000 fr. en 1893, année privilégiée). La pêche de la poulpe se pratique dans le Canal des Kerkena (valeur de la pêche 100.000 fr. en 1893, bonne année).

Productions minérales. — Il n'existait en 1884 que deux concessions de mine en Tunisie: celle de Djebba (plomb), à 24 kil. S.-E. de Souk el Khemis, datant de 1873, celle de Djebel Ressas (plomb et zinc), à 28 kil. S.-E. de Tunis, datant de 1868 et 1871.

L'attention des ingénieurs s'étant portée en 1873, et surtout en 1881, sur les gisements de fer de la Kroumirie, des recherches furent entreprises; elles aboutirent à deux concessions données en 1884.

De 1888 à 1894 ont été accordées 4 concessions pour l'exploitation du zinc. Depuis 1894 ont été concédées : en 1896, la mine du Djebel el Akhouat (à 32 kil S.-O. de Téhoursouk); en 1897, la mine du Djebel bou Jaber (N.-O. de Thala); en 1898, la mine de Sidi Youssef (près la frontière algérienne); la mine du Djebel Hamera (S.-O. de Thala), la mine de Fedj Assène (près la frontière algérienne). Une importante concession de phosphate a été donnée dans la région de Gafsa. D'autres mines sont en instance de concession. Plus de 500 demandes ont été présentées pour la recherche des mines de plomb, de zinc, de cuivre, de lignite, de calcaire asphaltique. L'industrie extractive est régie par le décret du 10 mai 1893.

L'antiquité exploitait les marbres jaunes de Chemtou; sont actuellement en exploitation les carrières de l'Ile El Djamour ou de Zembre, du Djebel Oust (N.-O. de Zaghouan), du Djebel Ech Khoul, les carrières de marbre onyx du Kef Rakma (O. de Mateur), de calcaire marbroïde du Djebel Dissa (N.-O. de Gabès).

La pierre de taille est exploitée près de Tunis. Le Djebel bou Kournin (S. d'Hammam el Lif) a des calcaires à chaux et ciment, qui sont traités dans les usines d'Hammam el Lif et de Bordj Cedria.

Industries. — La Tunisie étant un pays agricole, ses principales industries sont agricoles. En première ligne viennent les huileries (dont les deux tiers sont localisés dans la région de Sousse) : 68 usines à vapeur et plusieurs usines actionnées par des moteurs à pétrole ont été créés; — quelques savonneries (Sahel, Sfax, Tunis), minoteries (Tunis), mégisseries (Tunis), tanneries (Kairouan). Industries indigènes : chechia, plus solides que celles d'Autriche; — tapis tissés à Kairouan (avec les laines des Hammama et des Frechich), à Sousse et dans l'Arad; — couvertures (des oasis du Djerid, de Djerba); — tissus de laine, de soie, de laine et soie, de laine et poil, de poil; — teintureries; — nattes de jonc; — poteries (de Nabeul, de Djerba); — distillation des essences et eaux parfumées (Nabeul, Sfax).

Commerce. — Dans la période quinquennale 1874-1879, la Tunisie exportait en moyenne pour 12.000.000 de fr. en produits de son sol; le chiffre des exportations montait à 36.000.000 de fr. dans la période 1890-1894.

Après le vote par le Parlement français de la loi douanière du 19 juillet 1890, accordant à certains produits (huiles, céréales, bestiaux) le bénéfice de l'entrée en France en franchise (pour des quantités déterminées) et ouvrant à ces produits les marchés de la Métropole, l'exportation montait à 44.000.000 de fr. en 1898, à 49.000.000 de fr. en 1899.

La France, qui ne recevait avant 1890 que de 15 0/0 à 30 0/0 des exportations de la Régence, en recevait pour 68 0/0 en 1898 (l'Algérie étant comprise avec la Métropole dans ces comptes) : grâce à la franchise édictée en 1890, la Tunisie a pu expédier en France jusqu'à 99 0/0 de ses exportations en vins, 92 0/0 de ses blés, 89 0/0 de ses huiles.

Les 49.000.000 de fr. qu'exporte la Tunisie consistent pour une forte proportion en huile, en blé, en animaux vivants, pour une moindre proportion en orge et en minerais de zinc; viennent à la suite : les halfa, les poissons, les écorces à tan.

Les importations de la Régence, qui avant 1881 ne dépassaient pas 16.000.000 de fr., montent à 49.000.000 de fr. en 1899.

Dans ces chiffres, la part de la France entre, en 1894, pour 25.000.000 de fr.; en 1899, pour 34.000.000 de fr. La France a donc bénéficié dans une large mesure de l'augmentation du chiffre des importations; elle livrait en 1898, à la Tunisie, 59 0/0 des marchandises achetées à l'extérieur; grâce au décret du 2 mai 1898, qui a exonéré de droits un très grand nombre d'articles de provenance française, la proportion des ventes de la France devait croître chaque année.

CENTRES PRINCIPAUX

Les 13 chefs-lieux de Contrôles civils sont : Tunis, à 872 kil. de Marseille, ville de 140.000 habitants, dont 30.000 Européens, capitale de la Régence, située entre le Bahira et la Sebkha Es Sedjoumi; se divise en 4 parties : la Marine ou Quartier franc, traversée par l'Avenue de la Marine et l'Avenue de France, aboutissant à la Porte de France (principaux monuments : Palais de la Résidence, Hôtel des Postes et Télégraphes, Fondouk el Ghalla); la cité de Tunis ou Medina, au centre, avec sa physionomie arabe et ses soûk, (monuments : Dar el Bey ou Palais du Bey, Kasba, Mosquées); Faubourg de Bab el Souika au nord; Faubourg de Bab el Djazira au sud; — le nouveau port a été inauguré en 1893; il est relié à la haute mer par un canal de près de 10 kilom., ayant un vaste garage en son milieu; — Grombalia, dans une forêt d'oliviers. — Bizerte, sur l'emplacement de la ville tyrienne de Hippo Diarrhytus, près du rivage; comprend une ville arabe avec des soûk et la kasba, et une ville nouvelle, près des quais; son port consiste en un port-canal, long de 1.500 mètres, large de 60, profond de 7 à 8 mètres, reliant à l'avant-port que ferment deux jetées de 1.000 mètres le lac même de Bizerte, dans lequel pourraient évoluer toutes les flottes du monde; — Béja, bâti en amphithéâtre sur un contrefort du Dj. Ech Kheul, dans une contrée très fertile en céréales; — Souk el Arbâ, gros bourg, en pleine Daklat, marché important, recevant par un aqueduc les eaux de Hammam Derradji, l'ancienne Bulla Regia; — El Kef (ou le Rocher), l'ancienne Sicca Veneria, bâti en amphithéâtre à l'extrémité du Dj Dyr; — Maktar, ancien

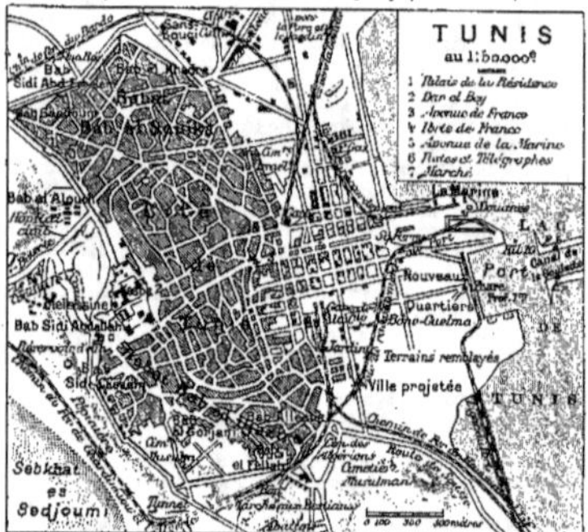

Oppidum Mactaritanum; — Thala, fondée par Tibère; — Kairouan, dans une immense plaine saharienne, aride et marécageuse, capitale religieuse de la Tunisie, ville très commerçante; fabrique des tapis et des cuirs teints en jaune; — Sousse, l'ancienne Hadrumetum, capitale du Byzacium, actuellement capitale du Sahel; son port comprend un bassin de 13 hectares de superficie, de 6 m. 50 c. de profondeur, entouré d'une jetée-abri et de deux épis avec leurs musoirs; — Sfax, comprenant sur le bord de la mer une ville européenne très importante par le chiffre de sa population, et en arrière une ville arabe; son nouveau port, inauguré en 1897, comprend un chenal facilitant l'entrée des paquebots, un bassin de 10 hectares profond de 6 m. 70 c. et deux canaux latéraux pour les barques de pêche; sur le quai N.-E., gare du chemin de fer de Gafsa; commerce d'éponges, de poulpes, d'huile, d'halfa, de fruits; — Gafsa, sur un plateau, à 345 mètres d'altitude, l'ancienne Capsa; près d'une forêt de dattiers, d'oliviers et d'arbres fruitiers; fabrication de tissus de laine estimés; — Gabès, réunion de plusieurs oasis, dont les deux principales sont : Djara au N. (marché important), Menzel, au S.-O. (casernements); le centre européen est à Gabès-port dans le voisinage de la mer; le mouillage est à 2 milles de la plage; port des caravanes du Sahara.

Les chefs-lieux des 7 annexes sont : Zaghouan, adossé au Dj. Zaghouan, à 2 kil. de l'une des sources alimentant le grand aqueduc de Carthage; industrie de la teinture des chechia en écarlate; — Medjez el Bab, dans la vallée de la Medjerda; — Tabarka, l'ancienne Tabarca, petit port; — Teboursouk, dans un pays boisé, à 7 kil. de Dougga, l'ancienne Thugga (Temple de Jupiter, Portes monumentales, Théâtre, Mausolées); — Mehdia, mouillage à 1 mille et demi de la plage; pêche de la sardine de mai à juillet; souterrain de 40 kil. vers El Djem; — Kasserine, sur l'oued

encaissé du même nom, l'ancienne Colonia Scillitana; — Tozeur, oasis, réunion de plusieurs villages, centre principal du Bled ed Djerid (le Pays des Dattes); 220 000 palmiers; fabrication de burnous, haïks et couvertures; — Djerba, île de 30.000 à 32.000 habitants de souche berbère, dont le centre le plus important est Houmt Souk, devant lequel les paquebots jettent l'ancre; était reliée dans l'antiquité à la terre ferme par une chaussée; renommée pour ses huiles, ses fruits, ses tissus de laine, ses gargoulettes.

Les stations du chemin de fer de Tunis à la frontière sont les suivantes, au delà du Faubourg de Bab ed Djazira : la Manouba (9 kil.), jardins, orangeries et villas; — au delà de l'aqueduc romain de Zaghouan à Carthage, après que la voie s'est engagée dans la vallée de la Medjerda, Djédeïda (25 kil.), dans un splendide paysage, fabrique de chechia, minoteries; — Tebourba (33 kil.), cultures maraîchères, vignes; — Bordj Toum (51 kil.), carrières de pierre de taille; — El Heri, halte; — Medjez el Bab (66 kil.); — Oued Zargua (86 kil.), en deçà des gorges pittoresques de la Medjerda; — Pont de Trajan (107 kil.), anc. Béja-Gare; — Sidi Zéhili (120 kil.); — Souk el Khemis (133 kil.), dans le Daklat; — Ben Bachir (145 kil.); — Souk el Arbâ (156 kil.); — Sidi Meskin (168 kil.), continuation du Daklat, dont la largeur est de 20 à 25 kil.; — Oued Méliz (179 kil.), à 11 kil. de Chemtou, l'anc. Simittu (carrières de marbre); — Ghardimaou (189 kil.), dans une contrée boisée; la frontière est à 6 kil. plus loin.

Sur l'embranchement de Bizerte, qui se détache à Djédeïda : Chaouat (30 kil.), grande exploitation agricole, à 6 kil. du haras de Sidi Thabet; — Sidi Athman (38 kil.), halte; — Aïn Rhelal (50 kil.), fermes nombreuses; — Mateur (63 kil.), dans un territoire fertile; — Oued Tindja (80 kil.), entre le Lac Ech Kheul et le Lac de Bizerte; — Sidi Ahmed (88 kil.); — La Pêcherie (94 kil.); — Bizerte (98 kil.).

Le chemin de fer de Tunis à Sousse passe à : Djebel Djelloud (5 kil.), — Mégrine (6 kil.); — Maxula Radès (10 kil.); au delà de l'O. Miliana, Hammam el Lif (17 kil.), station thermale, 40 à 42° et bains de mer, non loin du Dj. R'sas (mines de plomb); — Bordj Cédria ou Potinville (24 kil.), céréales, fourrages, oliviers, vignes, moutons, mulets; — Fondouk Djedid (29 kil.); — Khanguet (35 kil.); — Grombalia (39 kil.); — Bou Arkoub (48 kil.); — Bir bou Rekba (60 kil.); — Bou Ficha (79 kil.), où commence le territoire de l'Enfida (900.000 hect.), qui s'étend jusqu'à Menzel Dar bel Ouar, oliviers, céréales, pins et thuyas, pâturages pour brebis; Aïn Hallouf (87 kil.); — Enfidaville (100 kil.); centre administratif de la Société franco-africaine; — Menzel Dar bel Ouar (114 kil.), à 20 kil. d'Hergla, commerce d'huile; — Sidi bou Ali (123 kil.), où commence la forêt d'oliviers; — Kalaa Kebira (137 kil.), caché en partie par les oliviers; — Kalaa Srira (143 kil.), oliviers, huileries; — Sousse (150 kil.), gare au delà de Bab el Bahar, près du Grand-Marché.

L'embranchement de Zaghouan se détache au Djebel Djelloud et dessert : Nassen (13 kil.), près de la fertile plaine de Mornag (20.000 hect.); Klédia (20 kil.), fermes; — Oudna (24 kil.), l'ancienne Uthina (ruines de villas romaines); — Bou er Rébia (28 kil.); — Djebel Oust (36 kil.); — Smindja (49 kil.), d'où se détache la ligne d'El Aouja et Pont du Fahs, ouverte en 1897; — Moghran (57 kil.), où les eaux du Djoukar sont amenées dans l'aqueduc de Zaghouan; — Zaghouan (62 kil.).

L'embranchement de Menzel bou Zalfa passe à Fondouk Djedid (29 kil.), Soliman (35 kil.), oliviers, huileries, vignes, vergers, poteries; — Menzel bou Zalfa (43 kil.), oliviers, orangeries, vergers.

De Bir bou Rekba, un embranchement gagne par Hammamet (64 kil.), Nabeul (77 kil.), magnifiques jardins, rosiers, jasmins, distilleries de parfum, huileries, poteries renommées.

La voie de Sousse à Kairouan se détache à Kalaa Srira et passe à : Oued Lafa (9 kil.), — Kroussiah (21 kil.). — Sidi el Hani (29 kil.), — Kairouan (51 kil.), gare au S.-E. de la ville, près de Bab el Djedid (ou Porte du Sahel).

LA COLONISATION

Avant 1881, le nombre des Français installés en Tunisie était restreint, nos compatriotes ne possédaient guère que deux ou trois domaines ; dès l'établissement de notre protectorat, les capitaux français se portèrent vers cette nouvelle Colonie, où capitalistes et sociétés achetèrent de très grandes propriétés.

La colonisation débuta donc par l'achat d'immenses domaines, parmi lesquels l'Enfida (90 000 hectares), Gafour (60 000 hectares), l'Oued Zargua (8000 hectares), Mahtouha (7080 hectares), Oued Ramel (7000 hectares), Ksar Tyr (5000 hectares). Ces achats ont eu, au point de vue de la colonisation, l'avantage de faire passer une grande quantité de terres aux mains françaises. Depuis quatre ou cinq ans, ce sont des propriétés moins importantes, n'ayant que de 30 à 100 hectares, qui ont été constituées.

Au 31 décembre 1897 la superficie totale des propriétés rurales appartenant à des Européens atteignait 528 747 hectares. Ce chiffre est satisfaisant, mais il faut malheureusement constater qu'une petite partie seulement de cette superficie est cultivée d'après les procédés perfectionnés importés par les colons; le reste est inculte ou abandonné à la culture arabe. Le nombre des propriétés était de 1585.

Au point de vue des nationalités, la répartition était la suivante : 943 propriétés françaises représentaient 467 371 hect., 406 propriétés italiennes représentaient 39 523 hect., 236 propriétés appartenant à des personnes d'autres nationalités représentaient 21 852 hectares.

On voit que la catégorie des propriétés françaises l'emporte de beaucoup sur les deux autres catégories de propriétés.

Les entreprises agricoles les plus importantes sont la culture de la vigne et des céréales, l'élevage et la culture de l'olivier.

La vigne a fait l'objet de l'exploitation des premiers colons, qui en ont planté avec ardeur et voient aujourd'hui leurs efforts récompensés. Le vignoble tunisien couvre actuellement 8000 hectares et il y a des domaines qui en possèdent 300 et 400, comme celui de Potinville par exemple.

Les colons se sont livrés ensuite à l'élevage et à la culture des céréales, qui sont, avec la vigne et l'olivier, les entreprises agricoles primordiales de la Tunisie, celles qui constituent la base de toute exploitation.

L'olivier se cultive dans le nord et dans le centre de la Régence, notamment aux environs de Sfax, où le Gouvernement tunisien a déjà vendu 50 000 hectares. Si cette entreprise est de longue haleine et demande des capitaux, elle est par contre très rémunératrice.

L'oléiculture n'est à conseiller qu'à ceux qui possèdent des capitaux, à tous les autres conviennent de préférence les céréales, l'élevage et la vigne. Les deux premières opérations se complètent l'une l'autre; quant à la vigne, elle peut parer aux insuffisances en céréales par suite d'une année de sécheresse.

La culture des plantes industrielles est également intéressante : comme celle de la fève, qui trouve un débouché assuré en France; comme la culture des légumes et primeurs (asperges, petits pois), qui, s'ils n'ont pas encore de débouchés en France, à cause des tarifs de douane, s'écoulent facilement dans les grandes villes de la Régence ; comme l'élevage de la volaille, des abeilles, du porc.

D'autres exploitations peuvent être également tentées : celles des mines (de zinc, cuivre, phosphate), celle du liège des forêts de la Khroumirie, qui est mis en adjudication par l'État à qui appartiennent les forêts de la Régence; l'attention des colons peut se porter très avantageusement aussi sur la culture fruitière (olives, figues, amandes, pistaches), entreprise de longue haleine à laquelle convient le centre de la Tunisie (la région de Sfax notamment); sur l'exportation des dattes, le fruit par excellence des oasis, dans lesquelles on pourrait à l'abri des palmiers dattiers faire la culture des légumes et des primeurs; sur le développement de la fabrication des huiles d'olive; sur les pêcheries enfin, les côtes tunisiennes étant très poissonneuses.

Manières d'acquérir la terre. — On peut se procurer la terre : 1° en l'achetant au Domaine de l'État; — 2° en l'acquérant à l'Administration des Habous; — 3° en l'achetant aux particuliers (Européens et Indigènes).

1° Achat d'un domaine de l'État. — Les terrains mis par le Domaine de l'État tunisien à la disposition des colons français sont situés dans la partie nord de la Tunisie (celle dont le climat se rapproche le plus du climat de la France méridionale); ils forment des lots de 50 hectares environ, et sont vendus à Tunis, à la Direction de l'Agriculture et du Commerce (Service des Domaines rue d'Angleterre, n° 22), à tout moment, à l'amiable, suivant l'ordre des demandes et d'après une expertise préalable. Moitié du prix est payée avant l'entrée en jouissance avec minimum de 1000 francs. Le surplus se divise en deux termes égaux : l'un payable trois ans après l'entrée en jouissance, et le dernier après la quatrième année (le tout sans intérêts).

L'acquéreur peut verser la totalité du prix avant l'entrée en jouissance; il est fait, dans ce cas, une réduction de 10 pour 100 sur le prix fixé par l'expertise; les frais de vente, 4 pour 100 environ, sont versés au jour de l'acte; en cas d'immatriculation, ceux du titre foncier, 1 pour 100 environ, ne sont versés que lors de la délivrance du titre.

Il n'est fait en aucun cas de concession gratuite.

Toute demande non suivie de vente et non renouvelée dans un délai de trois mois est considérée comme retirée.

Les lots ne contiennent généralement ni arbres, ni constructions, l'eau courante est relativement rare, sauf au nord de la Medjerda; mais les puits sont faciles à creuser; la pierre à bâtir est abondante; les terres conviennent, suivant les régions, soit aux céréales, soit à la vigne, soit à l'olivier, soit à l'élève du bétail.

L'acquéreur doit construire, s'installer ou installer une famille française sur le lot vendu, et mettre ce lot sérieusement en valeur, le tout dans un délai de deux ans à partir du jour de l'entrée en jouissance. Le titre de propriété est délivré après accomplissement de ces conditions et ne comporte comme charge qu'une hypothèque de premier rang pour garantir le paiement des termes non échus. Les versements après l'échéance sont passibles d'un intérêt de retard de 5 pour 100, sans préjudice du droit qu'a l'État d'en poursuivre immédiatement le recouvrement.

En cas d'inexécution des conditions d'installation et de mise en valeur dans le délai fixé, l'État reprend le terrain avec les améliorations, s'il y en a, en remboursant les sommes versées moins une retenue de 5 pour 100 du prix total de la vente pour indemnité d'occupation du sol. Les prix varient de 50 à 200 francs l'hectare suivant la nature du terrain et la situation des domaines.

2° Biens habous. — Les biens habous ou de mainmorte occupent de grandes surfaces en Tunisie.

Ces biens qui, autrefois, étaient inaliénables, peuvent être acquis de différentes manières : soit à enzel (location perpétuelle moyennant une rente fixe et annuelle), soit par échange contre un bien melk, c'est-à-dire libre.

Ils peuvent, en outre, être pris en location à long terme de dix ans, renouvelable par deux fois.

Ces différentes opérations, sauf l'échange en nature, ont lieu aux enchères publiques et s'effectuent à l'Administration des Habous (dont le siège est à Tunis, rue de l'Église).

Toutefois, en vue de faciliter la colonisation, la Djemaïa des Habous met tous les ans à la disposition de la Direction de l'Agriculture et à des prix déterminés par des experts des deux Administrations des terrains habous, pour l'acquisition desquels les colons peuvent être substitués à la Direction, en en payant le prix comptant en totalité, plus les frais. L'administration des Habous traite alors de gré à gré avec le colon au prix déterminé, suivant l'ordre des demandes et avec le premier demandeur inscrit.

3° Propriétés particulières. — Les prix de ces propriétés sont très variables; suivant le terrain et la situation, ils peuvent être de 100 à 500 francs l'hectare et même davantage aux environs immédiats des grandes villes. En général les terres vendues par les Européens sont immatriculées, de sorte que l'acheteur n'a pas à craindre de revendications par la suite. Les propriétés non immatriculées offrent moins de garantie, aussi est-il bon lorsqu'on achète aux indigènes de faire vérifier leurs titres par les notaires arabes ou de faire requérir l'immatriculation de la propriété.

Installation de fermiers. — La Tunisie peut recevoir de nouveaux colons; l'étendue et le nombre des domaines possédés en Tunisie par nos compatriotes ne constituent pas un indice suffisant pour permettre de se rendre complètement compte des progrès réels de la colonisation française. En effet, une partie de ces propriétaires habitent la France et ont recours presque exclusivement à la main-d'œuvre indigène ou à la main-d'œuvre étrangère. S'ils contribuent par leurs capitaux au développement économique du pays, ce dont il faut les féliciter hautement, leur œuvre cependant resterait à peu près stérile au point de vue du peuplement de la Régence par l'élément français s'ils n'avaient compris qu'il est de leur intérêt de morceler leurs domaines, en vue d'y installer des petits colons, comme fermiers, métayers ou garçons de ferme.

Les grands propriétaires, qui possèdent des fermes, offrent en général les conditions suivantes : ils fournissent une maison, une écurie, du cheptel et paient les journées de travail consacrées à la vigne. Le partage des produits a lieu par moitié. C'est en ouvrant ainsi la porte aux colons peu fortunés que le nombre de Français qui était : en 1880 de 708, en 1891 de 10030, en 1896 de 16654 et probablement de 20000 aujourd'hui, augmentera dans de sérieuses proportions pour la plus grande prospérité du pays et de la Métropole.

EN VENTE A LA MÊME LIBRAIRIE

FRIDTJOF NANSEN (Dr). — **Vers le Pôle** (20e mille). Traduit par Charles Rabot. Un beau volume in-8° orné de nombreuses illustrations. Prix : broché . . . . **10** fr.

CASTELLANI (CH.). — **Vers le Nil français**, avec la Mission Marchand. Un beau volume in-8° orné de 150 illustrations d'après les photographies et les dessins de l'auteur. Prix : broché. . . . . . **10** fr.

R. SLATIN PACHA, ancien Gouverneur et Commandant du Darfour. — **Fer et Feu au Soudan.** Traduit de l'allemand par G. Bettex. Deux beaux volumes in-8°, ornés de dessins et d'une carte. Prix : broché . . . . **20** fr.

AUBERT (GEORGES). — **L'Afrique du Sud** (Colonie du Cap, Natal, Orange, Transvaal, Rhodésia, Mozambique). Un fort volume in-8°, avec 9 cartes et 30 photographies. Prix : broché . . . . **7** fr. **50**

FREY (LE COLONEL). — **Côte occidentale d'Afrique.** Vues, scènes, croquis. 300 illustrations de Bretegnier, Darondeau, Fernando, Jeanniot, Nousveaux, etc. Un beau volume grand in-8° jésus, 4 grandes cartes tirées en couleur. Prix : broché. . . . . **10** fr.

BURKARD (LIEUTENANT). — **4e Zouaves et Zouaves de la Garde.** 2 vol. avec illustrations de P. de Sémant. Cartes et Plans . . . . **12** fr.

COLLECTION IN-18 JÉSUS A 3 FR. 50 LE VOLUME

AUBERT (GEORGES). — **Le Transvaal et l'Angleterre en Afrique du Sud** . . . 1 vol.

— **A quoi tient l'infériorité du Commerce extérieur français, comment y remédier** . . . . 1 vol.

BOISSIÈRE (J.). — **Fumeurs d'opium.** . . . . 1 vol.

BONVALOT (G.). — **Sommes-nous en décadence ?.** . . . . 1 vol.

— **L'Asie inconnue.** A travers le Thibet, avec une carte de l'Itinéraire. . . . . 1 vol.

CASTELLANI (CH.). — **Les femmes au Congo.** 66 illustrations, d'après des photographies. 1 vol.

CASTÉRAN (A.). — **L'Algérie Française de 1884 à nos jours** . . . . 1 vol.

CÉALIS (ED.). — **De Sousse à Gafsa.** Préface de G. Larroumet. (Couronné par l'Académie française.). . . . . 1 vol.

DAYOT (A.). — **Le long des Routes.** Récits et Impressions. . . . . 1 vol.

DUBOIS (FÉLIX). — **Tombouctou la Mystérieuse.** Ouvrage couronné par l'Académie française. Orné de 120 illustrations d'après les photographies de l'auteur (10e mille). . . . . 1 vol.

FLERS (R. DE). — **Vers l'Orient.** 80 reproductions dans le texte. (Ouvrage couronné par l'Académie française.) . . . . 1 vol.

GUILLAUMET (ED). — **Tableaux soudanais.** Ouvrage couronné par l'Académie française. . 1 vol.

LAURENT (Dr E.). — **Sensations d'Orient.** Le Caire. — La Judée. — La Syrie. . . . . . 1 vol.

LAURIBAR (P. de). — **Douze ans en Abyssinie.** Souvenirs d'un officier. . . . . 1 vol.

LE ROUX (HUGUES). — **Au Sahara.** Illustré . . . . 1 vol.

MARTINEAU (A.). — **Madagascar.** . . . . 1 vol.

MEISCHKE SMITH (W.). — **Croquis Chinois.** Traduction de L.-P. Delinotte. Illustrations de J. Van Oort. . . . . 1 vol.

MÉVIL (ANDRÉ). — **Samory.** Illustrations d'après nature . . . . 1 vol.

NICOLAS (PIERRE). — **Notes sur la vie française en Cochinchine.** Illustré. (Ouvrage honoré d'une souscription du Ministère de l'Instruction publique.) . . . . 1 vol.

PERRODIL (E. de). — **A travers les cactus.** Traversée de l'Algérie à bicyclette . . . . . 1 vol.

POMMEROL (Mme JEAN). — **Une femme chez les Sahariennes** (de Laghouat à In-Salah). 90 illustrations d'après les photographies de l'auteur. . . . . 1 vol.

SEVIN DESPLACES. — **Afrique et Africains** . . . . 1 vol.

VIGNÉ D'OCTON. — **Martyrs lointains.** Préface d'Urbain Gohier . . . . 1 vol.

— **L'Amour et la Mort** . . . . 1 vol.

— **Journal d'un marin** . . . . 1 vol.

— **Siestes d'Afrique** . . . . 1 vol